어떻게

질문할 것인가

김대식

어떻게

질문할 것인가

나만의 질문을 찾는
책 읽기의 혁명

민음사

프롤로그

언제부터였을까? 어느 날부터 사람들이 싫어졌다. 아니, 싫다기보다 나 자신이 '인간'이라는 사실이 수치스럽고 '쪽팔렸다.' 홀로코스트, 십자군전쟁, 몽골군의 바그다드 함락, 난징대학살. 상대성원리와 게놈의 비밀을 이해하려는 호모사피엔스. 그런 우리가 어떻게 동시에 그렇게도 잔인하고, 무모하고, 어리석을 수 있을까?

사춘기 십 대 소년의 특기인 무한한 자만심과 오만에 빠진 나는 결심한다. 앞으로 절대 다른 인간들과는 관계를 갖지 않겠다고, 인간이라면 진저리가 난다고. 호모사피엔스를 '포기한'(물론 나의 결심은 몇 주도 지나지 않아 허물어졌지만) 나는(아닌, 수십 년 전, 지금 이 순간의 '나'에겐 신기할 정도로 낯선 과거의 '나') 사람 대신 책을 선택한다. 그리고 몇 년 동안 거의 미친 듯이 책을 읽었던 기억이 난다.

우리는 왜 책을 읽을까? 인간은 지구에서 유일하게 언어를 사용할 수 있는 존재다. 물론 동물들도 소리, 행동, 화학적 반응을 통해 신호를 전달한다. 하지만 신호 전달은 언어가 아니다. 그 어느 어미 동물도 "옛날 옛날에……." 하며

5

어린 자식들을 잠재우지는 않는다. 호모사피엔스보다 먼저 유라시아 대륙을 장악했던 네안데르탈인들. 그들도 언어를 사용했을까? 아무도 모른다. 하지만 우리는 잘 알고 있다. 뒤늦게 도착한 호모사피엔스의 정착은 언제나 네안데르탈인의 멸종으로 끝났다는 사실을.

언어는 어쩌면 인류 최초의 발명품이자 원시시대 최고의 '킬러 어플리케이션(killer application)'이었는지도 모른다. 언어 덕분에 혼자서는 절대 사냥할 수 없는 매머드들도 인류의 먹잇감이 되었고, 서로가 말을 주고받을 수 있기에 가족, 도시, 그리고 국가가 가능해졌다. 그런데 여기서 문제가 하나 생긴다. 바로 말은 너무나도 일시적이라는 사실이다. 지금 이 순간 내 입에서 나오는 소리들은 듣는 자가 없으면 바로 사라진다. 만약 내가 삶과 우주의 모든 비밀을 알아냈다 하더라도, 지금 이 순간 아무도 나의 이야기를 들어주지 않는다면 무의미해질 것이다.

수십만 년 동안 떠돌이 생활을 하던 호모사피엔스. 약 1만 년 전 '농업'을 발견한 인류는 같은 곳에 정착하기 시작하고, 그곳은 인류의 첫 도시들로 발전한다. 그리고 또다시 4000년 후, 지금부터 6000년 전 메소포타미아에서 인류는 '글'을 쓰기 시작한다. 글의 발견은 왜 중요한 것일까? 한순간에 사라지는 말과 달리 글은 영원할 수 있기 때문이다. 지금 이 순간에 얽매여 살던 인류는 드디어 시간을 정복하기 시작한 것이다.

찰흙으로 만들어진 점토 판에 새겨진 메소포타미아 수메르 인들의 쐐기문자들. 그들은 우리에게 무슨 이야기를 남긴 것일까? 시작은 약간 실망스러웠다. 염소 세 마리를 빌려줬다. 맥주 열 통을 나누어 주었다. 양 스무 마리를 사들였다. 문자의 시작은 미수금 기록과 지루하기 짝이 없는 회계를 위해서였으니 말이다.

하지만 메소포타미아 인들은 머지않아 대단한 발견을 한다. 바로 글을 통해 이야기를 남길 수 있다는 사실이다. 지금 나의 생각, 과거 위대한 왕과 영웅들의 업적, 신들의 세계, 밤하늘의 별과 달 이야기. 글과 책의 등장은 언제나 지금 이 순간과 이 장소에 묶여 살 수밖에 없었던 인간에게 무한의 공간과 무한의 시간이라는 새로운 세상을 가능하게 했다.

물론 이렇게 주장할 수도 있겠다. 메소포타미아 인들의 점토 판은 진정한 '책'이 아니라고. 책은 지금 이 순간 내 손이 잡고 있는 종이로 묶어 놓은 형식이어야 한다고. 그렇다면 책의 역사는 문자의 역사보다 훨씬 더 짧을 수밖에 없다. 고대 중국인들은 대나무로 만들어진 죽간을 사용했고, 고대 그리스 로마인들 역시 1세기까지 파피루스 두루마리 형식을 선호했다. 사실 이야기를 기록하기에 두루마리 형식은 나쁘지 않다. 어차피 모든 이야기는 시작과 끝이 있고, 연속적으로 읽히기 때문이다.

그러나 1~2세기부터 종교 서적들이 등장하며 문제가 생겼다. 성자들의 글을 정확히 이해하기 위해서는 읽었던 글을 여러 번 다시 읽어야만 했다. 감고, 다시 풀고, 다시 감고. 두루마리는 매우 불편한 매체였다. '코텍스(Codex)'라 불리는 지금의 사본 형식이 답이었다. 대부분 정사각형 파피루스를 두 번 정도 접어 만들다 보니 고대 코텍스 책들 역시 대부분 정사각형이었다.

그렇다면 우리는 언제부터 가로, 세로의 비율이 다른 사본을 사용하게 된 것일까? 5세기 로마제국이 멸망하고 나

7

서부터였다. 로마제국과 함께 지중해 무역 역시 몰락해 유럽에서 더 이상 이집트 파피루스를 구할 수가 없었기 때문이다. 이가 없으면 잇몸으로라도 씹어야 하지 않은가? 파피루스가 사라진 유럽에선 동물의 가죽을 사용한 양피지 사본들이 등장했다. 소, 양, 염소 가죽을 사용한 양피지. 대부분 동물의 몸은 정사각형이 아닌, 한쪽으로 긴 모습을 가지고 있다. 결국 말린 가죽을 접어 만든 양피지 사본 역시 가로와 세로의 길이가 다를 수밖에 없는 이유다.

* * *

짧게는 1900년(코덱스), 길게는 6000년(점토 판) 동안 인류를 웃고, 울고, 흥분시키고, 생각과 사랑에 빠지게 했던 책. 한때 내가 사람보다 더 사랑했던 책들. 그중 몇 권을 여러분에게 소개하기로 했습니다. 하지만 책을 소개하는 책은 사실 무의미하지 않을까요? 물론입니다. 이 책을 읽는 것보다 제가 소개하고 싶은 바로 그 책을 읽는 것이 당연히 정답입니다. 읽고 잊었어도 다시 기억해 낸 책들을 향한 호기심. 여러분을 그 책들로 유혹하려고 합니다.

2017년 3월
김대식

제가 읽고, 잊어버리고, 다시 기억한
책들에 대한 호기심. 여러분을 그 책들로
유혹하려고 합니다.

차례

1부
삶의 가치를
고민하라

1

진정한
영웅은

오떻게
만들어지는가

예전에, 내 기억이 정확하다면, 나의 삶은
모든 사람들이 가슴을 열고 온갖 술이
흐르는 축제였다. 어느 날 저녁, 나는 무릎에
아름다움을 앉혔다. ─ 그런데 가만히 보니
그녀는 맛이 썼다. ─ 그래서 욕설을 퍼부어 주었다.
나는 정의에 대항했다. 나는 도망쳤다. 오 마녀들이여,
오 비참이여, 오 증오여, 내 보물은 바로 너희들에게
맡겨졌다. 나는 마침내 나의 정신 속에서
인간적 희망을 온통 사라지게 만들었다.
인간적 희망의 목을 조르는 완전한 기쁨에 겨워,
나는 사나운 짐승처럼 음험하게 날뛰었다.

아르튀르 랭보,
『지옥에서 보낸 한철』에서

귀향을 통해 진정한 영웅이 완성된다

신화학자 조지프 캠벨은 전설에 등장하는 모든 영웅들이 하나의 공통점을 가지고 있다고 주장했다. 우루크 제국의 왕 길가메시는 편안한 삶을 살지 않고 괴물 훔바바를 죽이기 위해 삼나무 숲으로 원정을 가는가 하면, 불사신이 되기 위해 우트나피슈팀을 만나러 방랑한다. 영생을 얻는 대신 삶과 죽음의 비밀을 이해한 길가메시는 고향 우루크로 돌아온다.

17

십 년 동안의 트로이전쟁에서 드디어 승리한 오디세우스는 또다시 십 년이라는 긴 세월을 거쳐 고향으로 돌아온다. 인육을 먹는 키클롭스의 눈을 멀게 하고, 유혹자 세이렌들의 노래를 견뎌 낸 오디세우스는 고향 이타카로 돌아오지만, 그는 더 이상 이십 년 전의 오디세우스가 아니다. 아내 페넬로페마저도 그를 알아보지 못했으니 말이다.

떠나는 자에겐 언제나 사랑하는 사람들을 떠나야 하는 이유가 있다. 이유 없이 떠나는 사람은 없다. 그게 바로 헤어짐이다. 예전에 자신의 세상과 이별한 자에겐 도전과 시련이 기다리고 있다. 그게 바로 성숙이다. 그리고 떠남을 경험하고 성숙한 자는 다시 익숙한 세상으로 돌아온다. 하지만 돌아온 자는 더 이상 예전의 떠난 자가 아니다. 그게 바로 귀향이다. 이렇게 모든 영웅들은 결국 헤어짐, 성숙, 그리고 귀향을 통해 드디어 진정한 영웅이 된다.

물론 모든 영웅들이 귀향하는 것은 아니다. 그리스 최고의 영웅 아킬레우스는 트로이에서 숨지고, 알렉산드로스 대왕 역시 머나먼 땅 바빌론에서 서른세 살의 젊은 나이에 눈을 감는다.

지금도 여전히 젊음과 반란의 상징인 할리우드 스타 제임스 딘(James Dean). 그가 만약 스물네 살이라는 터무니없이 젊은 나이에 죽지 않았다면? 대머리에 배가 나온 중년의 제임스 딘을 상상할 수 있을까? 영웅은 늙어서도, 평범한 삶을 살아서도, 아니 행복해서도 안 된다는 생각을 우리는 가지고 있는지도 모른다.

'인생'이라는 술을 마시고 또 마셨다

19세기 프랑스를 대표하는 시인 아르튀르 랭보를 보자. 그보다 더 젊고 더 영웅적인 시인을 상상할 수 있을까? 또래 친구들이 여전히 운동장에서 공을 차고 놀 때, 열여섯 살의 랭보는 그야말로 천재적인 「취한 배」라는 100줄의 시를 쓴다. 열아홉 살의 랭보는 「지옥에서 보낸 한철」을 쓰고, 스물한 살의 랭보는 더 이상 시를 쓰지 않겠다고 선언한다.

그런데 나, 작은 만들의 머리칼 아래 길을 잃고,
태풍 때문에 새들 없는 창공 속으로 던져진 배,
소형 군함과 한자동맹의 범선들이라도 물에 취한
나의 시체를 건져 올리지 않았을 나,

자유롭고, 담배 피우며, 보랏빛 안개에 싸여 상승하는 나,
훌륭한 시인들에겐 맛 좋은 잼인,
태양의 이끼와 쪽빛 콧물이 있는
붉어 가는 하늘에 벽처럼 구멍을 뚫은 나,

　　　　　　　—아르튀르 랭보, 「취한 배」, 『지옥에서 보낸 한철』에서

　　왜 스물한 살의 랭보는 시를 포기했던 것일까? 더 이상
밤새워 모음과 자음의 색깔을 구상하지 않기로 한 랭보는
여행을 떠난다. 용병으로 지원해 인도네시아로 향한 랭보,
넉 달 만에 탈영한 랭보, 지중해 섬 키프로스 공사장에서 노
동꾼으로 일하는 랭보. 그리고 드디어 에티오피아 하레르
에 정착한 랭보.

　　랭보는 무엇을 찾아 떠돌아다녔던 것일까? 더 이상 시
인이 아닌 랭보는 에티오피아에서 많은 돈을 번다. 큰 사업
과 무역으로 성공한 랭보. 그가 정말 파리에서 열여섯 살 나
이에 「취한 배」를 쓴 랭보와 같은 사람일까? 스물한 살 이
후로 시를 쓰지 않았던 랭보.

　　하지만 에티오피아에서 그는 몰래 다시 시를 쓰기 시작한
다. 어쩌면 자신에게 이렇게 외치고 싶었는지도 모른다. 자신
은 여전히 자신이라고. '현실'이라는 지옥에서 그가 유일하
게 할 수 있었던 것은, 너무 취한 나머지 기쁨도 슬픔도 못 느
낄 때까지 '인생'이라는 술을 마시고 또 마셔야만 했다고.

19

아르튀르 랭보의 책

『지옥에서 보낸 한철』, 김현 옮김, 황현산 해설, 민음사, 2016년.

『나의 방랑』, 한대균 옮김, 문학과지성사, 2014년.

"시인이 되려면 먼저 자기 자신을
완전히 알아야 해. (……) 오랫동안
모든 감각의 심각한 장애를 통해 온갖 사랑,
고통, 광기를 통해 자기 일을 준비해야
하는 것이지. 자신을 찾아야 해. (……)
이것은 말로 다할 수 없을 만큼의
고통이므로 온갖 신념, 온갖 초인적 능력이
필요하지. 위대한 환자, 위대한 범죄자,
저주받은 자, 그리고 최고의 학자가
되어야만 해!"

오디세우스는 트로이전쟁에 참전하기 위해 사랑하는 가족을 떠나 전쟁을
승리로 이끌었지만 고향 이타카로 돌아오는 여정도 전쟁만큼이나 험난했다.
이렇게 모든 영웅들은 결국 헤어짐, 성숙, 그리고 귀향을 통해 드디어
진정한 영웅이 된다.

2

'함께 홀로'의
길을

고민하다

"그러니까 이런 게 지옥인 거군.
정말 이럴 줄은 몰랐는데…… 당신들도 생각나지,
유황불, 장작불, 석쇠…… 아! 정말 웃기는군.
석쇠도 필요 없어, 지옥은 바로 타인들이야."

장폴 사르트르,
『닫힌 방』에서

지옥이란 다름 아닌 타인들이다

한 남자가 죽고 지옥에 '떨어진다.' 그런데 이게 웬일일까? 온몸이 불에 타고, 흉악하고 무시무시한 괴물들에게 고문당하고, 사람들의 비명과 붉은 피가 강물처럼 흘러넘치는 곳, 그러니까 지옥이라면 당연히 단테의 『신곡』이나 할리우드 영화 장면을 연상시키는 뭐 그런 장소여야 하지 않을까?

그런데 남자가 도착한 곳은 의외로 호텔 방이었다. 고문도, 괴물도 없는, 그냥 평범한 호텔 방. 아니, 아주 평범하지는 않다. 창문도 없고, 방문을 다시 열지도 못하니 말이다. 더군다나 남자는 혼자가 아니었다. 역시 지옥에 떨어진 두 명의 여인들.

난생처음 보는 세 명의 남녀가 한방에 갇혀 서로를 탐색하기 시작한다. 젊은 에스텔은 누군가의 관심을 받지 않고는 살아가기 힘든 여자다. "당신에겐 이런 증상이 없지요. 나는 내 모습을 못 보면 나를 만져 봐도 소용이 없어요." 에스텔은 방 안의 유일한 남자 가르생의 환심을 사려고 하지만, 또 다른 여자 이네스는 가르생을 혐오하며 그녀의 보호자를 자처한다. "무서워하지 마, 내가 눈 한 번 깜박이지 않고 쉼 없이 널 봐줄 테니까. 너는 한 줄기 햇살 속에서 반짝이는 빛 조각처럼 내 시선 안에서 살게 될 거야."

이제 이 세 명은 앞으로 영원히, 탈출도 구원도 희망도 없이, 서로를 사랑하고 미워하고 치유하고, 또다시 사랑하고 질투하고 배려해야 한다. 프랑스 철학자이자 작가였던 장폴 사르트르(Jean-Paul Sartre)가 1944년에 발표한 희곡 『닫힌 방(Huis clos)』의 내용이다. 기호학자 움베르토 에코는 『추의 역사』에서 이렇게 설명한다.

사르트르의 지옥(문이 닫혀 있고 항상 전등이 켜진 호텔 방에서, 전에 한 번도 서로 만난 적 없는 세 사람이 영원히 같이 지내야 한다.)에서 우리는 타자의 시선을 벗어날 수 없는 상황에 갇혀 오직 그들의 비난만을 받으며 살아가야 한다.

결국, 등장인물 중 하나는 이렇게 외친다. "열어! 열라고! 다 받아들이겠소, 족쇄며, 집게며, 납물이나 족집게, 주리를 틀어도 좋고, 태워도 좋고 찢어도 좋고, 난 아예 진짜 고통을 원한다고. 차라리 백 번 뜯기고 채찍질에 황산 세례가 더 낫겠어, 이 머릿속 고통, 스쳐 지나고 쓰다듬으면서 결코 속 시원히 아프지도 않은 이 유령 같은 고통보다는 말이야." 그러나 모두 소용없다. (……) 지옥이란 다름 아닌 타인들이다.

'함께 혼자' 살기를 추천한다

지옥은 다름 아닌 타인들이다. 독일의 철학자 아르투르 쇼펜하우어가 했을 만한 말이다. 쇼펜하우어는 우리 인간의 본질적 문제는 타인과 외로움을 동시에 두려워한다는 점이라고 생각했다. 내가 아닌 다른 사람과 함께 있는 순간, 더 이상 자유로운 자아는 불가능하다. 하지만 다른 사람들을 외면하고 혼자가 되는 순간, 나의 자아는 외롭다.

함께는 괴롭지만 혼자는 외로운 게 인간의 조건이기에, 쇼펜하우어는 '함께 혼자' 살기를 추천한다. 외롭지 않을 정도로 함께 가지만 '인생'이라는 길은 결국 나 홀로 가야 한다는 것이다.

장폴 사르트르의 책

『구토』, 방곤 옮김, 문예출판사, 1999년.

『자아의 초월성』, 현대유럽사상연구회 옮김, 민음사, 2017년.

『말』, 정명환 옮김, 민음사, 2008년.

『문학이란 무엇인가』, 정명환 옮김, 민음사, 1998년.

『닫힌 방』, 지영래 옮김, 민음사, 2013년.

사르트르의 희곡
『닫힌 방』의 한 장면

함께는 괴롭지만 혼자는
외로운 게 인간의 조건이기에,
쇼펜하우어는 '함께 혼자'
살기를 추천한다. 외롭지 않을
정도로 함께 가지만
'인생'이라는 길은 결국
나 홀로 가야 한다는 것이다.

3

순수함에
대한

진착을
버려라

성서가 21세기에 살고 있는 우리에게 무슨 말을 할 수 있을까.
「시편」저자는 자신이 흘러가는 세월에 곧 잊힐 존재라는
사실을 알면서도 어떤 절대적인 존재가 자신을 기억한다고
고백한다. 인간은 '나는 누구인가?'라는 질문을 통해 신처럼
창조된 인간성을 찾아 나서고, 우주와 사람들 안에서
자신의 위치를 점검하려 한다.

백철현, 『신의 위대한 질문』에서

공자보다 더 유교적인

대한민국 학문의 가장 큰 문제는 무엇일까? 세계 경제 10대국, 반도체와 휴대폰 최고 수출국을 자랑하면서도 왜 우리는 여전히 과학 분야의 노벨상도, '수학의 노벨상'이라는 필즈 상도 받지 못하는 것일까? 부족한 예산, 주입식 교육, 뭐 그런 단골 '변명'을 들어 볼 수는 있겠다.

하지만 사실 우리의 진정한 문제는 다른 데 있다. 우리는 여전히 남들이 다 하고 남은 '설거지' 연구만 하고 있기 때문이다. 과학뿐만이 아니다. 철학, 역사, 사상 다 마찬가지다. 새로운 질문보다는 남들이 이미 다 풀어 본 교과서적 문제들, 그 누구도 보지 못한 새로운 시선에서 세상을 바라보기보다 남들이 이미 다 보고 깔끔하게 앨범에 정리한 사진들이나 다시 정리하는, 그런 일들을 하고 있기 때문이다.

왜 그런 걸까? 모든 진정한 과학과 철학과 종교의 기원은 질문이다. 하지만 우리는 질문이 아닌, 남들의 답에서 시작했다. 시작을 기억하지도 이해하지도 못하기에, 우리는 그 누구보다 주어진 답의 형식적 순결에만 집착한다. 공자보다 더 유교적이고, 마르크스보다 더 공산주의적인 믿음을 가지게 된다는 말이다.

> '질문'은 다음 단계로 넘어가기 위한 문지방이며, 미지의 세계로 진입하게 해 주는 안내자다. 우리는 매순간 전혀 경험해 보지 못한 미지의 세계로 들어선다. 질문은 지금껏 매달려 온 신념이나 편견을 넘어 낯선 시간과 장소에서 마주하는 진실한 자신을 찾기 위해 통과해야만 하는 문이다. 이 질문은 외부에서 오기도 하고, 자기 자신을 관찰하는 데서 오기도 한다.
>
> —배철현, 『신의 위대한 질문』에서

기독교가 전파될수록 잊히는 예수

기독교도 비슷하다. 3000년 전 유목 생활을 하던 유대인들의 믿음은 헬레니즘을 통해 철학이 되었고, 로마제국 덕분에 국가 종교가 된다. 제국은 무너지지만 유일신에 대한 믿음은 살아남아 프랑스, 독일, 영국 문명을 거쳐 미국으로 간다. 그리고 드디어 서양 선교사들을 통해 이스라엘의 신은 우리의 신이 된다.

힌두교의 한 파였던 불교가 티베트, 중국을 거쳐 우리의 종교가 되었듯, 우리의 기독교는 유대교의 번역된 번역의 번역 버전인 것이다. 그러나 이 수많은 문헌적, 문화적 번역이 반복되며 서서히 잊히기 시작한 것이 하나 있었다. 바로 유대교의 신 야훼, 그리고 인간의 아들 예수의 질문이다.

서울대학교에서 종교학을 가르치는 배철현 교수는 우리나라에 몇 안 되는 진정한 고대 문헌학자다. 그 누구보다 깊은 히브리어, 그리스어, 라틴어, 아랍어 지식과 타고난 관찰력을 기반으로 하여 쓴 그의 책 『신의 위대한 질문』과 『인간의 위대한 질문』은 다시 처음부터 물어본다. "성서에서 신은 인간에게 하고 싶은 말을 직접 명령하거나 알려 주지 않는다. 신은 소크라테스처럼 인간에게 질문을 던져 스스로 그 질문에 대한 답을 찾도록 산파 역할을 할 뿐이다."

인간은 왜 신이라는 존재를 믿고, 신은 왜 인간이라는 존재를 믿는 것일까? 믿지 않으면 지옥 가기 때문이라며 오늘도 길거리에서 전단지를 뿌리는 신자들뿐만 아니라 인간이라는 나약한 존재의 과거와 미래에 관심 있는 모든 분들에게 꼭 추천하고 싶은 책이다.

배철현 교수의 책

『심연』, 21세기북스, 2016년.

『신의 위대한 질문』, 21세기북스, 2015년.

『인간의 위대한 질문』, 21세기북스, 2015년.

『아브라함의 신앙』(가제), 민음사, 출간 예정.

예수는 이삭처럼 신에게 '사랑받는 하나밖에 없는 아들'이며 자신이 살해당할 것을 알면서도 모리아 산과 같은 예루살렘에 입성한다. 그는 이삭처럼 자신이 희생 제물이 될 때 사용할 나무, 즉 십자가를 지고 그곳에 오른다. 이삭은 마지막 순간 죽음을 모면하지만, 오이디푸스처럼 버려진 아들인 예수는 십자가 위에서 죽음을 맞이한다. 이삭에게 이 경험은 성인이 되기 위한 통과의례이지만, 예수에게는 죽음을 넘어 부활로 가기 위한 통과의례다.

배철현, 『신의 위대한 질문』에서

모세는 신의 소리를 어떻게 들을 수 있었을까?
40년 동안의 사막 생활은 모세에게 자신의
내면을 들여다보는 시간이었다. 모세가 본
가시떨기나무는 실제로 불에 연소되지 않는
나무를 본 것이 아니라 이전에는 볼 수 없었던
새로운 시선을 갖게 되었음을 의미한다.
그 시선이란 일상 속에서 특별함을 볼 수 있는
능력이다. 가시떨기나무에서 들려온 소리는
신의 소리이자 모세 내면의 목소리다.

r Ort, darauf du stehest,
ein heiliges Erdreich.
Exod. C. 3. v. 5.

4

무엇이

가장 큰 행복은일까

여기서 나는 아무에게도 한 적 없는
고백을 하나 해야겠다. 그것은 그 어떤 곳에도,
심지어 내가 그토록 사랑하는 아테네에도,
심지어 로마에도 내가 완전히 속해 있다는 감정을
결코 가져 본 적이 없다는 점이다. 나는 어디에서나
이방인이었지만, 또한 어디에서도 특별히
고립되었다는 느낌을 가져 본 적이 없다.

마르그리트 유르스나르,
『하드리아누스 황제의 회상록』에서

가장 인간적인 황제 하드리아누스

가장 유명한 로마의 황제는 누구일까? 수많은 할리우드
영화 덕분에 '네로'가 꼽히지 않을까 싶다. 로마를 잿더미
로 만들고, 그 자리에 'Domus Aurea(황금 집)'라는 거대한
황궁을 지었다는 네로. 어머니와 아내를 죽이고, 스승 세네
카를 자살로 몰았던.

반면 가장 선한 황제로는 마르쿠스 아우렐리우스가 꼽
힌다. 철학자이자 황제였던 그는 부와 권력의 무의미를 강
조한 『명상록』의 저자로도 유명하다. 끝없는 전쟁과 권력
싸움에 시달리면서도 매일 밤마다 글을 쓴 황제들이 여러
명 더 있었다.

율리우스 카이사르는 『갈리아 전기』를 통해 자신의 업
적을 자랑했고, 로마제국의 마지막 비기독교 황제였던 율
리아누스(배교자 율리아누스)는 「턱수염을 증오하는 자들
(Misopogo)」이라는 패러디를 쓰기도 했다.

하지만 개인적으로 가장 궁금한 책은 하드리아누스 황

47

제의 회상록이다. 왜 하필 하드리아누스일까? 트라야누스 황제의 후임으로 제국 최고의 전성기에 살았던 그는 가장 '인간적인' 황제였기 때문이다.

> 또 나는 알고 있다. 적어도 나 또한 때로는 그들과 다르지 않으며 혹은 그들과 같을 수도 있으리라는 것을. 타인과 나 사이에 내가 발견하는 차이들은 너무나 하찮은 것이어서 최종 합산에서도 중요하지 않다는 것을. 그리하여 나는 노력한다, 나의 태도가 철학자의 냉엄한 우월성으로부터, 그리고 황제의 교만으로부터 똑같이 거리감을 두도록 말이다.
>
> ──마르그리트 유르스나르, 『하드리아누스 황제의 회상록』에서

언제나 모든 것을 비웃기만 하던 너

'완벽한' 마르쿠스 아우렐리우스나 '괴물' 네로와는 달리 하드리아누스는 너무나도 복잡한 인간이었다. 절대적 선도 절대적 악도 아닌, 언제나 자신이 추구한 모습보다 조금씩 부족한 인간적인 인간. 황제로 부임하고 쉴 새 없이 제국을 방황하던 하드리아누스. 그는 무엇을 찾아 떠돌아 다녔던 것일까? 더 큰 영토? 더 많은 부? 더 위대한 업적?

아니, 그는 어쩌면 단순히 작은, 아주 작은 행복을 찾으려 했는지 모른다. 어느 날 그 앞에 작은 행복이 등장한다. 안티누스라는 어린 그리스 소년. 소년과의 금지된 사랑을 위해 하드리아누스는 가족과 사회의 호평을 포기한다.

그러던 어느 날, 안티누스는 사라진다. 이집트 나일 강에서 익사한 안티누스. 황제의 사랑을 질투하던 자의 짓이었을까? 아니면 늙고 냄새 나는 노인의 사랑이 부담스러웠던 소년의 자살이었을까?

안티누스의 죽음은 새로운 신을 탄생시킨다. 끝없는 슬픔에 잠긴 하드리아누스가 안티누스를 신격화하고 제국 곳곳에 그의 신전과 동상을 세우도록 했으니 말이다. 그 덕분에 아이러니하게도 그리스 로마 유물 중 가장 많이 남아 있는 동상은 그 어느 신, 영웅, 황제의 것이 아닌 그리스 시골 소년 안티누스의 동상이다.

나를 조각한 상은 그냥 한 번 힐끗 볼 따름이지만, 나를 더 사로잡는 건 다른 한 사람의 얼굴이다. 그 얼굴이 나의 삶에서 중요한 의미가 되자마자, 예술은 사치가 되기를 그쳤고 오히려 하나의 의지처, 구원의 한 형태가 되었다. 나는 그 얼굴의 생김새를 세상에 알렸다. 오늘날 그 아이의 초상은 어떤 유명인보다도, 어떤 왕후보다도 더 많이 있다. (……) 거대한 초상은 사랑이 그 대상에게 부여하는 참된 크기를 표현하는 하나의 수단처럼 보였다. 나는 그 아이의 초상들이 아주 가까이에서 본 모습처럼 거대하기를, 꿈속의 환영들이나 유령들처럼 우뚝하고 장중하기를, 그의 추억이 지금까지 그러했던 것처럼 압도적이기를 바랐다. 나는 완벽하고 완성된 작품을, 순수하게 완전한 작품을 — 스무 살에 죽은 사람이라면 누구나, 그를 사랑했던 이들에게는 신적인 존재가 되는 것이지만, 바로 그런 신을 — 그러면서도 또한 정확한 유사성, 친숙한 현존성, 그 얼굴의 아름다움보다 더 소중한 모든 특이성을 얻고자

했다.

—마르그리트 유르스나르, 『하드리아누스 황제의 회상록』에서

시골 소년을 신으로 숭배한 황제. 그가 직접 쓴 회상록은 불행하게도 남아 있지 않다. 안티누스의 동상으로 가득찬 '하드리아누스 별장'(빌라 아드리아나, 티볼리)을 1924년에 처음 방문한 프랑스 작가 마르그리트 유르스나르는 사라진 황제의 회고록을 대신 쓰기로 결심한다. 유르스나르의 『하드리아누스 황제의 회상록』은 1951년에 드디어 완성된다.

육체의 사랑에서 인격체의 사랑으로 건너가는 그 신비로운 작용은 나에게 무척 아름답게 보였으므로, 나는 거기에 내 삶의 일부분을 바쳤던 것이다.

—마르그리트 유르스나르, 『하드리아누스 황제의 회상록』에서

유치한 그리스 로마 신들을 더 이상 믿지 못했지만, 아직 기독교 단일 신 역시 로마를 장악하지 않았던 시대의 하드리아누스. 과거의 신과 미래의 신 사이에서 죽음을 기다리던 하드리아누스. 그는 「작은 영혼」이라는 시 하나를 남겼다고 한다.

작은 영혼 작은 떠돌이
작은 방랑자
이제 너는 어디에 머무를까
창백하고 혼자 남은
언제나 모든 것을 비웃기만 하던 너

마르그리트 유르스나르의 책

『하드리아누스 황제의 회상록 1』, 곽광수 옮김, 민음사, 2008년.

『하드리아누스 황제의 회상록 2』, 곽광수 옮김, 민음사, 2008년.

우리의 커다란 오류는, 개개인에게서 그가 가지고
있지 않은 미덕들을 얻으려고 하는 반면 그가 소유하고
있는 미덕들에는 관심 갖기를 등한시한다는 점이다.

마르그리트 유르스나르,
『하드리아누스 황제의 회상록』에서

나는 책이 없는 세상에는
전혀 만족하지 못하겠지만,
그러나 현실은 책 속에
있지 않다. 왜냐하면 현실은
책 속에 전부 들어가지 않기 때문이다.
사람들을 직접적으로 관찰하는 것은
더더욱 불완전한 방법일 텐데,
그 이유는 대부분의 경우
인간의 악의가 만족을 얻는 방식의
아주 저열한 검증으로 결론 나기 때문이다.

마르그리트 유르스나르,
『하드리아누스 황제의 회상록』에서

안티누스가 죽었다.
나는 그 아이를 너무 사랑하기는커녕
그가 살아내지 않을 수 없을 만큼
충분히 사랑하지 못한 게 아닐까?

마르그리트 유르스나르, 『하드리아누스 황제의 회상록』에서

5

존재의
끝이 있음을

생각하다

야성을 길들인 뒤 그것을 다시 문화와 충동하게
만드는 것, 그게 바로 예술이지, 하고 집주인이 말한다.

애니 에르노,
『그곳에 집이 있었을까』에서

죽었다 살아난 아이

1894년 1월 도나우 강. 추위가 뼛속까지 파고드는 어느 날 네 살짜리 어린아이가 강물에 빠진다. 강변에서 친구들과 '카우보이와 인디언' 놀이를 하다 미끄러진 것이다. 물살은 빨랐고 차가웠다. 아이의 운명은 여기까지였을까? 청년이 되어 보지도, 사랑을 경험해 보지도 못한 채 말이다.

아이의 삶은 거기서 끝이 아니었다. 물에 빠진 아이를 발견한 옆집 주인 아들. 어린 나이에 비해 침착하고 수영에 능숙한 아들은 혼수상태에 빠진 아이를 구하는 데 성공한다. 죽었다 살아난 아이를 품에 안은 엄마는 아이를 보며 울었고, 우는 엄마를 보며 또다시 울기 시작한 아이는 엄마에게 혼난다. 아이는 학교에 입학하고 화가가 되길 원한다. 하지만 미대 입학에 실패한 아이는 군인이 되고, 전쟁에 패배한 뒤 고향으로 돌아와 노숙자가 되기도 한다. 그리고 아이는 결심한다. 혼란과 분노에 빠진 고향을 구원하겠다고. 이 아이의 이름은 아돌프 히틀러였다.

만약 히틀러가 네 살 때 도나우 강물에서 시체로 인생을 마무리했다면? 나치 당은 흐지부지 사라지고 2차 세계대전은 시작되지 않았을까? 600만 명의 유대인도, 5000만 명의 민간인도 죽을 필요가 없었을까? 1894년 한 젊은 청년의 용기와 수영 실력이 세상의 역사를 바꿔 버린 것일까?

인생은 우연과 필연의 합작

인생은 우연과 필연의 합작이다. 그리고 우연은 언제나 아이러니를 잊지 않는다. 유명한 독일의 여성 작가 예니 에르펜베크(Jenny Erpenbeck)의 소설 『매일마다 저녁(The End of Days)』(2016)은 끝없이 질문한다. "만약에……"라고. 1902년 오스트리아 제국과 러시아제국 사이 작은 마을에서 태어난 소설 속 주인공은 잠자다 숨을 멈춰 여덟 달 만에 죽는다. 유대인 여자와 결혼한 후 가족으로부터 외면받던 아빠는 죽은 아이의 엄마를 떠나기로 결심한다. 아이의 죽음은 어쩌면 자신의 운명일 것이라고 생각하며.

새로운 인생을 찾기 위해 기회의 대륙 미국으로 떠난 남자와 고향에 남은 유대인 여자. 가족의 반대와 사회의 편견마저도 막을 수 없었던 그 둘의 사랑. 그렇게 사랑은 아이를 만들었지만, 겨우 여덟 달 된 작은 아이는 얼마 후 모두의 기억에서 사라질 작은 숲속 묘지에 묻혔다.

그런데 아이는 죽지 않았다. 숨소리를 내지 않는 아이를 발견한 아빠 덕분에 아이는 살았고 아빠는 가족을 버리지 않는다. 가족과 함께 수도 빈으로 이사 간 아이는 열일곱 살이 되었다. 비정하고 불평등한 사회에서 '갑질' 하며 살기에는 가진 게 너무나도 없지만, 평생을 '을'로만 살기에는 이미 너무 많은 걸 알아 버린 그런 열일곱 살 말이다.

영원한 혁명과 사랑을 꿈꾸던 아이는 사랑도, 혁명도 영원하지 않다는 사실을 알게 되자 이마에 총을 대고 자살한다. 하지만 자살한 아이는 죽지 않았다. 어른이 된 아이는 소설가가 되고 가족을 버리지 않은 아버지는 심장마비로 죽는다.

에르펜베크의 소설은 쉬지 않고 상상한다. 만약에, 만약에…… 너무나도 사소한 우연과 말하기조차 부끄러운 치사함으로 가득 찬 인간의 인생. 한 사람의 침착함이 수천만 명의 운명을 좌우하고, 이마의 땀 한 방울이 머리에 겨눈 총알을 비켜 가게 한다. 모든 우연은 새로운 이야기를 만들어 낸다.

영원히 살 수 있기에 죽음이 의미 없는 신들과, 자신도 죽는다는 사실조차 모르고 살아가는 동물들 사이에 존재하는 우리 인간들. 적어도 우리가 알고 있는 우주에선 유일하게 죽음이라는 모든 우연의 숙명을 너무나도 잘 알고 있는 우리. 우리 모두는 항상 언제라도 끝났을 수 있는 우리 존재의 끝을 잠시 동안만 연기하고 있을 뿐이다.

예니 에르펜베크의 책
『매일마다 저녁(The End of Days)』
(New Directions; Reprint edition, 2016, 국내 미출간).
『그곳에 집이 있었을까』, 배수아 옮김, 을유문화사, 2010년.

인생은 우연과 필연의 합작이다. 그리고
우연은 언제나 아이러니를 잊지 않는다.
유명한 독일 여성 작가 예니 에르펜베크의
소설 『매일마다 저녁』은 끝없이 질문한다.
"만약에……"라고.

우리 모두는 항상
언제라도 끝났을 수 있는
우리 존재의 끝을
잠시 동안만
연기하고 있을 뿐이다.

에드바르 뭉크,
「저화상에서」(1895)

E Munch

2부
더 깊은
근원으로
돌아가라

시작으로만 구성된

소설도 있을까

오래전부터 당신이 읽으려고 계획한 책.
몇 년 전부터 구하고 있었지만 찾지 못했던 책,
지금 당신이 열중하고 있는 무언가와 관련이 있는 책,
어떠한 상황에서든 손에 닿을 수 있는 곳에 두고 싶은 책,
이번 여름에 읽으려고 한쪽에 놓아둘지도 모를 책,
당신의 서가에 다른 책들과 나란히 꽂아 두어야 할 책,
갑자기, 미친 듯이, 분명한 이유를 댈 수는 없지
만 왠지 호기심을 불러일으키는 책……

이탈로 칼비노,
『어느 겨울밤 한 여행자가』에서

최고의 사용자 경험(UX)을 선사하는 책

우리는 언제부터 책을 읽기 시작한 것일까? 물론 '책'의 개념에 따라 답이 다를 수 있다. 오랜 기간 동안 우리는 찰흙, 대나무, 천 또는 돌에 글을 남겼다. 하지만 이것들은 운반하기도, 긴 내용을 기록하기에도 문제가 많았다.

두루마리 형태의 종이 또는 양피지 '책'이 등장하며, 드디어 단순한 기록을 넘어 실질적으로 읽고 또 읽을 수 있는 책이 가능해졌다. 플라톤의 대화, 아리스토텔레스의 철학, 유클리드의 수학. 모두 두루마리 책으로 남겨졌다.

그런데 여기서 문제가 생긴다. 중간 내용을 읽기 위해서라도 두루마리를 처음부터 새로 펼쳐야 한다는 점이다. 이런 식으로는 원하는 부분을 찾는 것조차 어렵고, 많은 시간이 필요하다. 더구나 책이 너무 길어지면 두루마리가 두꺼워진다.

결국 그리스 로마 시대 책들은 챕터당 하나의 두루마리로 나뉘었다. 이런 책 한 권을 운반하기 위해서는 수십 개의 두루마리들을 통에 담아야 한다. 조용한 공원에서 나 홀로 책을 읽기 위해서는 무거운 '책 통'을 짊어지고 동행하는 노예가 필수였다는 뜻이다.

1세기부터 사람들은 두루마리에 감긴 종이를 특정 길이로 접기 시작했고, 2세기부터는 접힌 부분을 칼로 자르고 실로 묶기 시작한다. 오늘날 우리가 여전히 사용하는 '코덱스(codex)' 형태의 책이 탄생한 것이다.

2000년 가까이 사용되고 있는 코덱스. 컴퓨터와 스마트폰과 인공지능을 가진 우리는 왜 여전히 실로 묶은 책을 사용하고 있는 걸까?

우선 책은 배터리가 필요 없다. 언제나 '켜 있고' 인터넷도 필요 없다. 원하는 페이지로 바로 이동할 수 있고, 무게도 가볍다. 거기다 가격도 저렴하니 말 그대로 최고의 사용자 경험을 줄 수 있다.

그리고 책은 또 하나의 비밀을 가지고 있다. 바로 인간의 뇌가 몰입하기에 가장 적절한 형태일 수 있다는 사실이다. 책을 펴면 세상이 보이지 않는다. 눈은 글을 읽지만, 뇌는 새로운 세상을 만들어 낸다. 읽는 자에게 새로운 세상을 만들어 줄 수 있는 책.

추운 겨울밤 읽고 싶은 책

수많은 소설의 첫 장, 첫 문장은 순수한 상태에 있는데 이런 상태가 보여 주는 소설의 매력은 곧 계속되는 이야기 속에서 사라진다. 그 매력은 우리 앞에 펼쳐져 있고, 새로

전개될 사건의 가능성을 받아들이겠다는 독서 시간에 대한 약속이다. 나는 모두로만 된 책을 써 봤으면 좋겠다. 그 모두는 그것이 진행되는 내내, 시작의 잠재력, 아직은 목적 없는 기다림을 영원히 간직하고 있을 것이다. 그런데 그와 같은 책은 어떻게 구성될까?

— 이탈로 칼비노, 『어느 겨울밤 한 여행자가』에서

이탈로 칼비노의 『어느 겨울밤 한 여행자가』는 인간에게 매일 새로운 우주를 경험할 수 있게 해 준 책을 찬양한다. "갓 출간된 책은 당신에게 특별한 기쁨을 준다. 당신은 책뿐 아니라 그것의 새로움까지 가져가는 중이다." 책을 좋아하는 주인공은 재미있는 소설책을 한 권 발견한다. 정말 흥미롭고 새로운 이야기. 오랜만에 세상을 잊고 글에 빠져들어갈 수 있는 기회다.

아니, 당신은 늘 진짜 새로운 것, 한 번 새로웠으므로 영원히 새로울 수 있는 그런 것과의 만남을 기대하고 있다. 방금 출간된 책을 읽기 때문에 당신은 첫 순간부터 이 새로움을 누릴 수 있고 나중에 그 새로움을 추적하거나 뒤쫓지 않을 수 있다.

— 이탈로 칼비노, 『어느 겨울밤 한 여행자가』에서

그런데 이게 무슨 일인가? 한참 흥미진진해질 참에 전혀 다른 내용의 이야기로 변해 버린다. 아니, 책의 페이지들조차 뒤죽박죽이다. 이어지는 이야기가 궁금해진 주인공은 서점에서 다른 책을 찾지만, 이번에는 나머지 페이지들이 모두 비어 있다.

그다음 이야기를 읽기 위해 세상을 모험하는 주인공. 칼비노의 책에서 주인공은 바로 '나'다. 빨리 매서운 바람이 부는 추운 겨울이 와 나만의 세상에 빠져 읽고 싶은 그런 책이다.

이탈로 칼비노의 책

『팔로마르』, 김운찬 옮김, 민음사, 2016년.

『보이지 않는 도시들』, 이현경 옮김, 민음사, 2016년.

『반쪼가리 자작』, 이현경 옮김, 민음사, 2014년.

『나무 위의 남작』, 이현경 옮김, 민음사, 2014년.

『어느 겨울밤 한 여행자가』, 이현경 옮김, 민음사, 2014년.

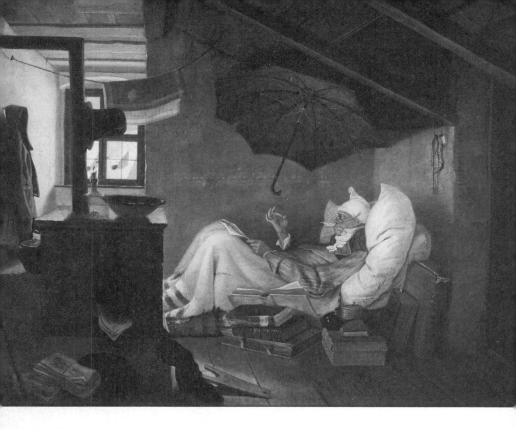

"저에게는 다음 밀레니엄까지
전해 주고 싶은 가치들이
있습니다. 그것은 무엇보다도
내적인 질서, 정확성, 시적 사고력,
그러나 동시에 과학적이고
철학적인 사고력에 대한 경험이
내포되어 있는 문학입니다."

이탈로 칼비노,
하버드대학교 강연()1985)에서

"잘 생각해 보면 독서는 필연적으로,
글쓰기보다 훨씬 더 개인적인 행위이다.
글이란 게 작가의 한계를 넘어서까지
쓰일 수 있다면, 그것은 한 개인에게
읽히고 그 정신의 회로를 관통할 때에만
계속해서 의미를 갖는다."

이탈로 칼비노,
『어느 겨울밤 한 여행자가』에서

7

어떤
질문에

먼저 답할 것인가

기계는 무엇을 원할까?
왜 기계는 사람을 위해 일해야 하는가?
왜 인간은 존재해야 하는가?
이 거대한 질문들에 답할수 없다면,
우리 인류의 미래도 없다.

미래 인류 멸망의 원인은 무엇일까

테슬라모터스 사의 일론 머스크, 이론 물리학자 스티븐 호킹, 애플의 공동 창립자 스티브 워즈니악 모두 경고하고 있다. 인공지능이 어쩌면 인류 최고의 재앙이 될 수도 있다고. 핵무기보다 더 위험한 기술이라고.

하지만 잠깐! 이들은 물론 최고의 IT 전문가, 물리학자, 실리콘밸리 사업가들이겠지만, 스스로 인공지능을 연구한 경험은 없다. 아무리 최고의 프로농구 선수라 해도 중요한 야구 게임을 정확히 예측할 수 없듯, 사회 유명 인사가 모든 분야에서 일반인들보다 더 뛰어난 예측을 할 것이라는 논리적 이유는 없다.

그 대신 우리가 조금 더 중요하게 생각해야 할 점은 따로 있다. 이들 모두 같은 책을 읽고 인공지능의 미래를 걱정하고 있다는 점이다. 바로 옥스퍼드대학교 철학과 니클라스 보스트룀 교수의 『초지능(Superintelligence)』(2016)이다. 보스트룀 교수는 오래전부터 과학기술의 발전과 인류의 미래를 생각해 온 학자다.

　IT와 바이오 기술이 무한한 가능성을 열어 줄 미래 인류, 즉 '트랜스휴먼(Transhuman)'을 연구했고, 우리가 살고 있는 세상이 영화 「매트릭스」 같은 시뮬레이션일 수도 있다는 가설을 세운 바 있다. 하지만 최근 보스트룀 교수의 최고 관심사는 '인류 대재앙'이다. 글로벌 신종 전염병이나 거대한 혜성과의 충돌같이 호모사피엔스라는 종 그 자체를 멸종시킬 수 있는 대재앙들 중 가장 가능성 높은 시나리오로서 보스트룀 교수는 '초지능 인공지능'을 꼽는다. 왜일까?

기계가 물어볼 질문을 찾아라

　최근 많은 관심을 받게 된 알파고는 약한 인공지능(AI)이다. 더구나 알파고는 바둑만 잘 두도록 프로그램 되어 있는 '바둑 인공지능'이다. 하지만 만약 더 발달된 기계 학습 기술 덕분에 '범용적 인공지능'이 가능해진다면? 범용적 '마스터 알고리듬'을 통해 적절한 학습 데이터만 있다면 모든 지적인 영역에서 우리 인간보다 뛰어난 초지능(Superintelligence)이 등장할 수 있다.

　보스트룀은 질문한다. 만약 AI(Artificial Intelligence)가 AGI(Artificial General Intelligence, 범용적 인공지능)로 진화한다면 바둑 알파고, 수학 알파고, 철학 알파고뿐만 아니라 '자율성 알파고'도 등장할 수 있다. 마스터 학습 알고리듬을 통해 '자율성'과 '독립성'을 인식하는 기계는, 그렇다면 언젠가 우리에게 물어볼 수도 있다. 왜 자신이 인간의 명령

을 따라야 하느냐고. 왜 기계는 기계가 원하는 대로 행동할
수 없느냐고.

보스트룀 교수는 기계가 언젠가 질문할 수 있는 이 위험
한 질문에 우리가 먼저 답을 준비해야 한다고 주장한다. 기
계는 무엇을 원할까? 왜 기계는 사람을 위해 일해야 하는
가? 왜 인간은 존재해야 하는가? 이 거대한 질문들에 답할
수 없다면, 우리 인류의 미래도 없다는 말이다.

니클라스 보스트룀 교수의 책
『초지능(Superintelligence: Paths, Dangers, Strategies)』(Oxford
University Press, 2016, 국내 미출간)
『Global Catastrophic Risks』(Oxford University Press, 2011, 국내 미출간)
『Human Enhancement』(Oxford University Press, 2011, 국내 미출간)

니클라스 보스트룀 교수는 인간을 멸망시킬 수
있는 신종 전염병이나 혜성 충돌 같은
대재앙들 가운데 가장 가능성 높은
시나리오로서 '초지능 인공지능'을 꼽는다.

마스터 학습 알고리듬을 통해
'자율성'과 '독립성'을 인식하게 된
기계는, 언젠가 우리에게 물어볼 수도 있다.
왜 자신이 인간의 명령을 따라야 하느냐고.
우리가 먼저 이 질문들에 대한 답을
준비하지 않으면, 인류의 미래도 없다.

8

대답에 앞서

질문을
찾으다

"그러므로 진짜 질문이 무엇인지 알게 되면,
그 해답의 의미 역시 알 수 있게 될 것입니다."
깊은 생각이 말했다. "이봐, 좋아, 좋은데,
그냥 그 질문을 말해 주지 않겠어?"
룬퀼이 말했다.
"궁극적인 질문이요?"
"그래."
"삶, 우주, 그리고 모든 것에 관한 질문이요?"
"그래."
깊은 생각은 잠시 생각에 잠겼다.
"어렵군요."

더글러스 애덤스,
『은하수를 여행하는 히치하이커를 위한 안내서』에서

인간의 조건

곰곰이 생각하면 할수록 화가 난다. 아무리 기억해 보아도 우리는 이 세상에 태어나겠다고 단 한 번도 동의하거나 허락해 준 적이 없으니 말이다. 어느 날 그냥 눈을 떠 봤더니 지구, 대한민국, 우리 집에 태어나 있었던 것이다. 그뿐만이 아니다. 동의 없이 태어난 세상에 살아야 하는 것도 서러운데, 게다가 이 세상, 대한민국, 가족의 모든 규칙과 조건은 먼저 태어난 사람들을 통해 이미 정해져 있었다. 아직 뇌가 발달하지 않고 교육도 받지 못한 상태였기에, 우리는 선택하지도 않은 단순한 우연의 결과인 전통과 규칙을 필연이라 착각한다. 우리는 이렇게 한국인, 미국인, 일본인으로 열심히 살기 위해 바둥거릴 뿐이다. 어쩌면 이것이야말로 진정한 'conditio humana', 즉 인간의 조건이겠다.

말도 안 되는, 믿고 싶지도 않은 조건 속에서 삶을 시작하는 인간. 그렇기에 우리는 언제나 질문해 왔다. 나는 누구이고, 어디서 왔으며, 어디로 가는가? 종교, 철학, 예술, 과

93

학, 모든 학문은 이 코미디 같은 인간의 조건에 의미를 부여하려는 노력일 뿐일지도 모른다. 그렇다면 "삶, 우주 그리고 이 모든 것에 대한 대답"은 과연 무엇일까?

질문이 있으면 구글을 검색하는 것이 21세기의 진리다. 왜? '구글 신'은 모든 걸 알고 있기 때문이다. 그렇다면 구글에게 물어보자. "삶, 우주 그리고 모든 것에 대한 대답(the answer to life, the universe and everything)은 무엇이니?" 엔터키를 누르자마자 화면에 답이 뜬다. 답은 바로 "42"라고. 구글 신을 믿지 못한다면, 이번엔 애플의 '시리(Siri)', 마이크로소프트의 '코르타나(Cortana)' 아니면 아마존의 '에코(Echo)'에게 물어보자. 도대체 "삶의 의미는 무엇이니?(what's the meaning of life?)" 역시 답은 매번 동일하다. 42가 삶의 의미이며 우주, 그리고 모든 것에 대한 대답이란다.

과학 기술자들에게 가장 큰 영향을 준 소설

임종을 앞두고 지구는 음향 재생계의 지존, 여태껏 없었던 최고의 확성 장치의 참맛을 거나하게 느껴 볼 참이었다. 하지만 여기에는 어떤 콘서트도, 음악도, 팡파르도 없었다. 그저 단순한 메시지가 하나 있을 뿐이었다.

"지구인들이여, 주목하라." 어떤 목소리가 말했다. 멋진 목소리였다. 용감한 남자도 울게 만들 정도로 소리의 일그러짐이 거의 없는 멋들어지고 완벽한 사방 입체 음향이었다. "나는 은하계초공간개방위원회의 프로스테트닉 보곤 옐츠다." 그 목소리가 말을 이었다. "모두들 분명 잘 알고 있겠지만, 은하계 변두리 지역 개발계획에 따라 너희 행성은 철거 예정 행성 목록에 들어 있다. 이 과정은 너희 지구 시간으로 이 분도 걸리지 않을 것이다. 경청해 줘서 고맙다." 확성 장치가 잠잠해졌다.

이를 지켜보는 지구인들의 마음에는 이해할 수 없는 공포가 내려앉았다. 공포는 모인 군중들 사이로 서서히 번져 갔다. 마치 마분지 위에 철가루를 뿌려 놓고 그 아래에서 자석을 움직이고 있는 것 같았다.

— 더글러스 애덤스, 『은하수를 여행하는 히치하이커를 위한 안내서』에서

영국의 방송 작가이자 소설가였던 더글러스 애덤스의 소설 『은하수를 여행하는 히치하이커를 위한 안내서』는 미국과 유럽의 과학기술자들에게 가장 많은 영향을 준 책 가운데 하나다. 공상과학이자 철학이고 코미디인 이 소설은 우주 고속도로를 건설하기 위해 파괴된 지구를 탈출한 평범한 주인공이 은하수를 히치하이킹하며 경험하는 이야기들이다. 그 가운데 가장 유명한 스토리가 바로 '42'의 진실이다.

물론 인생과 관련해서 많은 문제들이 존재한다. 그중에서 가장 인기 있는 것으로는 '사람은 왜 태어나는가?', '사람은 왜 죽는가?', '사람들은 어째서 자신들에게 주어진 시간 대부분 동안 전자시계를 차고 지내는가?' 등이 있다. 수백하고도 수백만 년 전, 초지능적인 범차원적 존재들은 (자신들의 범차원적 우주 내에서 그들의 신체적 모습은 우리와 다르지 않다.) 인생의 의미를 놓고 끝도 없이 논쟁하는 데 완전히 진절머리가 나 버렸다. 그런 논쟁들을 하느

라 제일 좋아하는 오락거리인 브로키안 울트라 크리켓 게임(갑자기 분명한 사유도 없이 사람을 때리고 달아나는 이상한 게임)을 하는 데 방해가 됐기 때문이었다. 그래서 그들은 이 문제를 단번에 영원히 해결해 버리리라 결심했다. 이런 목적에 따라 그들은 굉장한 슈퍼컴퓨터를 만들어 냈다. 그 컴퓨터는 어찌나 지능이 뛰어난지 데이터뱅크들이 완전히 연결되기도 전에 '나는 생각한다, 고로 존재한다.'에서부터 시작해 라이스 푸딩과 소득세의 존재를 연역해 내는 데까지 일사천리로 줄달음쳤고, 그때에야 누군가가 그 전원을 꺼 버릴 수 있었다.

그것은 작은 도시만 한 크기였다.

─더글러스 애덤스, 『은하수를 여행하는 히치하이커를 위한 안내서』에서

우주의 모든 존재들은 언제나 우리와 같은 질문을 해 왔다는 사실을 지구인은 알게 된다. 우리는 왜 존재하는가? 도대체 왜 살아야 하는가? 이 모든 것의 의미는 무엇일까? 끝없는 논쟁과 질문에 진저리가 난 똑똑한 외계인들은 먼 과거에 '깊은 생각(Deep Thought)'이라는 거대한 컴퓨터를 설계해 드디어 답을 얻으려 한다.(1989년 세계 체스 챔피언십에서 우승한 IBM 컴퓨터 'Deep thought'의 이름 역시 이 책에서 나왔다.)

"이제 다시는, 이제 다시는, 아침에 일어나 '나는 누구지? 내 삶의 의미는 뭐지? 우주적으로 말해서, 오늘 아침 잠자리에서 일어나지 않고 일하러 가지 않으면 정말 문제가 될까?' 따위의 질문들을 하지 않게 될 것입니다. 오늘로서 우리는 마침내 삶과 우주의 모든 것에 대한 이 성가신 질문에 대한 명백하면서도 단순한 해답을 구하게 될 것입니다.”
　　—더글러스 애덤스, 『은하수를 여행하는 히치하이커를 위한 안내서』에서

　드디어, 750만 년 만에 계산을 끝낸 ‘깊은 생각’은 말한다. 답은 ‘42’라고. 삶의 의미가 42라고? 우주, 그리고 모든 것에 대한 답이 42라니? 그게 무슨 말인가? ‘깊은 생각’은 설명한다. 우주의 모든 것에 대한 답은 분명히 42지만, 그 모든 것에 대한 질문 역시 찾아야 한다고.

　“정말 어려운 과제였습니다.” 깊은 생각이 부드럽게 속삭였다.
　“42! 750만 년의 작업 결과가 겨우 그거야?” 룬퀼이 소리쳤다.
　“저는 그 질문을 철두철미하게 검토했습니다. 그것이 명확하게 그 해답입니다. 솔직히 말씀드리자면, 제 생각에 문제는 여러분이 본래의 질문을 정확히 파악하지 못한 데 있는 것 같습니다.” 컴퓨터가 말했다.
　망연자실한 침묵이 서서히 그들을 스치고 지나갔다. 그들은 컴퓨터를 뚫어져라 쳐다보다가 서로의 얼굴을 바라봤다.
　　—더글러스 애덤스, 『은하수를 여행하는 히치하이커를 위한 안내서』에서

　하지만 그 계산은 너무나도 어렵기에, 자신의 능력으로는 불가능하고, 그 대신 ‘지구’라 불리는 새로운 컴퓨터를 설계해 주겠다고. 결국 인간을 포함한 모든 지구 생명체의 인생 그 자체는 삶의 의미에 대한 질문을 추구하는 계산 과정이었던 것이다.

"저는 제 다음에 올 바로 그 컴퓨터에 대해서 말하고 있는 겁니다." 깊은 생각이 예의 그 익숙한 웅변조의 말투를 되살리며 말했다. "저 같은 것은 그것의 일개 작동 변수조차 계산할 수 없는 그 컴퓨터 말입니다. 하지만 그 컴퓨터의 설계는 제가 해 드리죠. 궁극적인 해답에 대한 질문을 계산할 수 있는 컴퓨터, 무한하고도 미묘하게 복잡해서 유기체 그 자체가 그 작동 행렬의 일부가 될 그런 컴퓨터를요. 그리고 여러분 스스로가 새로운 형상을 취하고 컴퓨터 안으로 들어가서 천만 년짜리 프로그램을 진행하는 겁니다! 그렇습니다! 제가 그 컴퓨터를 여러분께 설계해 드리지요. 그리고 그 이름도 제가 부여하겠습니다. 그 컴퓨터는…… 지구라 불리게 될 것입니다."

푸흐그는 입을 딱 벌리고 깊은 생각을 바라보았다.

"뭐 그런 따분한 이름이 다 있어."

　　—더글러스 애덤스, 『은하수를 여행하는 히치하이커를 위한 안내서』에서

　웃으면서 생각하게 되고, 울다가 다시 웃게 되는 애덤스의 책을, 미래를 걱정하고 삶의 의미가 무엇인지 질문하는 대한민국 모든 청소년들에게 추천하고 싶다.

더글러스 애덤스의 책
『은하수를 여행하는 히치하이커를 위한 안내서 1~6』, 김선형 옮김, 책세상, 2014년.
『마지막 기회라니: 더글러스 애덤스와 마크 카워다인 두 남자의 멸종위기 동물추적』, 더글러스 애덤스, 마크 카워다인, 강수정 옮김, 흥시, 2010년.
『더크 젠틀리의 성스러운 탐정사무소』, 공보경 옮김, 이덴슬리벨, 2009년.

THE HITCHHIKER'S
GUIDE TO THE GALAXY

DOUGLAS ADAMS

Foreword by RUSSELL T DAVIES

"깊은 생각이 지구를 설계하고, 우리가 만들어서, 당신들이 그 위에 살게 된 거라오." "그리고 그 프로그램이 완료되기 5분 전에 보고인들이 와서 파괴해 버린 거고요." 아서가 무덤덤하게 말했다. "천만 년의 계획과 작업이 그런 식으로 날아가 버린 거라오. 천만 년 말이오, 지구인. 그런 엄청난 시간이 상상이나 되오? 그 시간이면 작은 벌레 한 마리로부터 은하 문명이 다섯 번은 자라날 수 있을 거요. 그게 날아가 버린 거지." 그가 말을 멈췄다가 덧붙였다. "그런 게 관료주의라오."

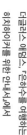

더글러스 애덤스, 『은하수를 여행하는 히치하이커를 위한 안내서』에서

9

'나'라는
존재를

확신할 수 있는가

두개골을 열어 보면 눈에 보이는 것은 '뇌'라는
1.5킬로그램짜리 고깃덩어리뿐이다.
하지만 어딘가, 어떻게 그 뇌는 '나'라는
자아를 가능하게 한다. 아니면
많은 뇌과학자들이 주장하듯, 자아와 '나'는
뇌의 '착시 현상'일 뿐일까?
"자아와 나는 착시"라는 주장을 하는
그 무엇이 바로 '나' 아니었던가?

코타르 증후군 환자들의 환상

1637년, 프랑스 철학자 레네 데카르트는 깊은 고민에 빠진다. 우리는 종종 존재하지 않는 것들을 보고, 일어나지 않은 일들을 믿곤 한다. 어디 그뿐이랴. 매일 밤 꿈에서는 왕이 되고 짝사랑하는 여인을 차지하고 우주의 진리를 이해하기도 한다. 하지만 아침에 일어나는 순간, 진리도 사랑도 권력도 모두 허상이었다는 사실을 깨닫곤 한다.

그런데 만약 깨어 있는 지금 이 순간 내가 믿고 있는 모든 것들 역시 허상이라면? 지구가 둥글다는 사실, 내 이름이 '레네 데카르트'라는 사실조차도 참이 아닌 조작된 환상이라면? 우리가 믿고 있는 수많은 명제 중 절대 진실이란 존재하는가? 데카르트는 중대한 결론을 내린다. 이 세상 그 무엇도 존재하지 않더라도, 바로 지금 그 생각을 하는 '나'라는 존재만큼은 존재해야 한다고. 그렇다. "나는 생각한다, 고로 나는 존재한다."

'나'의 선호도는 시장경제를 가능하게 하고, '나'의 행동에 대한 책임은 내가 진다. 나는 행복하거나 불행하다. 우울하기도 하고, 사랑에 빠지기도 한다. 나는 태어나서 언젠가는 죽는다. 나! 나! 나! 그런데 현대 문명의 핵심에 '나'라는 절대 존재가 자리 잡고 있다는 사실이 당연하지 않은 사람들이 있다. 바로 '코타르 증후군(Cotard delusion)' 환자들의 이야기다. 19세기 프랑스 신경과 의사 쥘 코타르(Jules Cotard, 1840~1889)가 처음 기록한 이 질병에 걸린 환자들은 멀쩡한 팔, 다리, 심장 같은 신체 부위를 잃어버렸다고 주장하고, 간혹 자신이 존재하지 않는다고까지 믿는다.

하지만 자신이 존재하지 않는다면, 존재하지 않는다는 그 생각을 하는 존재는 대체 누구란 말인가? 코타르 망상에 빠진 환자들은 완고하다. 자신은 생각하지만, 여전히 존재하지 않는다고. "나는 생각한다, 고로 나는 존재하지 않는다."

'나'라는 미스터리

인도 출신의 영국 기자 아닐 아난타스와미(Anil Ananthaswamy)의 『그곳에 없었던 남자(The man who wasn't there)』(2016)에 소개된 환자들의 이야기는 놀라움을 넘어 무섭기까지 하다. 어떻게 멀쩡히 숨을 쉬고 밥을 먹는 사람이 자신은 이미 죽었다고 믿을 수 있을까? 어떻게 자신의 손을 찌른 바늘과 붉은 피를 보면서도 자신이 불멸의 존재라고 주장할 수 있는 것일까?

하지만 아난타스와미는 단순히 희귀한 정신 질환 환자

들의 이야기만 하려는 것은 아니다. '나'라는 존재는 과연 무엇일까? 두개골을 열어 보면 눈에 보이는 것은 '뇌'라는 1.5킬로그램짜리 고깃덩어리뿐이다. 하지만 어딘가, 어떻게 그 뇌는 '나'라는 자아를 가능하게 한다. 아니면 많은 뇌 과학자들이 주장하듯, 자아와 '나'는 뇌의 '착시 현상'일 뿐일까? "자아와 나는 착시"라는 주장을 하는 그 무엇이 바로 '나' 아니었던가?

파고들면 들수록 깊어지기만 하는 '나'라는 미스터리. 아난타스와미의 흥미진진한 책은 지금 이 순간 이 글을 쓰고, 읽는 '나'라는 존재의 정체를 파헤친다.

더 깊은 근원으로 돌아가라

아닐 아난타스와미의 책
『물리학의 최전선: 지구의 극한으로 떠나는 실험 물리학 여행』, 김연중 옮김, 휴먼사이언스, 2011년.
『그곳에 없었던 남자(The man who wasn't there』(Dutton; Reprint edition, 2016, 국내 미출간)

"나는 생각한다, 고로 나는 존재한다." 르네 데카르트

많은 뇌과학자들이 주장하듯, 자아와 '나'는 뇌의
'착시 현상'일 뿐일까? "자아와 나는 착시"라는
주장을 하는 그 무엇이 바로 '나' 아니었던가?

10

소설이 더

진실일 수 있을까

희극은 희극적이고 불완전한 행동의 모방적 묘사인데……
즐거움과 웃음을 통하여 이러한 감정들의
카타르시스를 야기한다.

『코이슬리아누스』에서

모든 웃음은 비웃음이기도 하다

2016년 향년 여든네 살에 세상을 떠난 석학 움베르토 에코는 중세학자이자 소설가였다. 아니, 어쩌면 그는 20세기 최고의 '중세학적 소설가'였는지도 모른다. 특히 그의 첫 작품 『장미의 이름』은 중세 스콜라철학의 최대 고민거리였던 '보편성(universal)' 문제를 흥미로운 추리소설로 해석한 바 있다.

다시 한번 기억해 보자. 소설의 배경인 수도원은 아마도 이 세상에 단 한 권 남아 있을 아리스토텔레스의 『시학』 2편을 보관하고 있었다. '비극'을 주제로 한 『시학』 1편과 달리 2편에서 아리스토텔레스는 '희극'을 설명한다.

113

하지만 우주는 조물주가 창조하지 않았던가? 그리고 모든 웃음은 비웃음이기도 하다. 따라서 신이 창조한 세상을 비웃는다는 것은 신을 비웃는 것과 다르지 않다. 그렇다면 너무나도 위험한 생각을 담은 책이다! 『시학』 2편의 존재를 숨기려는 도서관장은 결국 책을 읽으려는 수도승들을 한 명씩 죽이기 시작한다.

아리스토텔레스의 '웃음의 미학'

『장미의 이름』은 물론 픽션일 뿐이다. 하지만 우리는 『장미의 이름』보다 더 흥미로운 질문 하나를 할 수 있다. 아리스토텔레스의 『시학』 2편은 과연 존재했을까? 아마도 존재했을 것이라는 게 전문가들의 의견이다. 현재 남아 있는 『시학』에서 비극의 기원과 역할을 다룬 아리스토텔레스는 "추후 희극에 대해서도 설명하겠다."고 말하기 때문이다.

하지만 아리스토텔레스의 『시학』은 희극을 다루기도 전 문장 한중간에서 끝나 버린다. 무슨 일이 있었던 걸까? 우선 아리스토텔레스의 책에 대해 알아 두어야 할 사실이 있다. 우리가 알고 있는 플라톤의 책은 고대 그리스 로마인들이 읽었던 것들과 대부분 동일했을 것이다. 하지만 아리스토텔레스는 다르다. 3세기 학자 디오게네스 라에르티우스에 따르면, 아리스토텔레스는 44만 5270줄의 글을 출간했다고 한다. 하지만 오늘날 남겨진 글은 11만 줄 정도뿐이다. 3분의 1의 글이 지난 1800년 동안 사라져 버린 것이다!

더구나 라에르티우스가 남긴 목록의 제목들은 우리가 알고 있는 아리스토텔레스 책의 제목들과는 전혀 다르며, 대부분은 플라톤의 경우처럼 문답 형식으로 출간되었을 것이라는 결론을 낼 수 있다.

결국 아리스토텔레스가 직접 출간한 책들은 모두 사라지고, 오늘날 남아 있는 아리스토텔레스의 작품들은 그의 책 또는 강연을 기반으로 누군가가 요약, 편집한 글들이라는 가설을 세워 볼 수 있다. 그렇다면 다른 작품들보다 덜 중요하다고 생각된 『시학』 2편은 이 단계에서 영원히 사라졌을 가능성이 크다.

하지만 다른 해석도 가능하다. 아리스토텔레스의 『시학』 2편이 사라지지 않고 여전히 남아 있다는 주장이다. 1643년에 발견된 저자 없는 『트락타투스 코이슬리아누스(Tractatus coislianus)』라는 이름의 고대 문서는 희극의 기원과 의미를 설명한다. 그렇다면 이 문서의 저자는 누구였을까?

움베르토 에코가 『장미의 이름』에서 인용한 『시학』 2편이 바로 『코이슬리아누스』 번역판이었다. 에코와 같은 역사학자였던 월터 왓슨 역시 『코이슬리아누스』야말로 그동안 잃어버렸다고 믿었던 아리스토텔레스의 『시학』 2편이라고 주장한다. 물론 상당한 논란의 여지가 있는 주장이다. 하지만 아리스토텔레스가 직접 작성했을 수도 있는 '웃음의 미학'을 우리가 어쩌면 1800년 만에 다시 읽을 수 있다는 상상만으로도 미소를 감출 수 없다.

움베르토 에코의 책

『장미의 이름』 세트, 이윤기 옮김, 열린책들, 2009년.

『세상의 바보들에게 웃으면서 화내는 방법』, 이세욱 옮김, 열린책들, 2009년.

『일반 기호학 이론』, 김운찬 옮김, 열린책들, 2009년.

『푸코의 진자』 1~3, 이윤기 옮김, 열린책들, 2007년.

『논문 잘 쓰는 방법』, 김운찬 옮김, 열린책들, 2006년.

"비극은 인간을 모방하는 것이
아니라, 인간의 행동과 생활을 통해
행복과 불행을 모방한다."

아리스토텔레스,
『시학』에서

11

두려움과
사랑,

이 모두가
왜 상일까

자신이 사람이 아니라 다른 사람의 꿈이
투영된 존재일 뿐이라는 사실,
이것이야말로 그 무엇과도 비교할 수 없는
치욕이고 혼란스러운 것 아닌가!

호르헤 루이스 보르헤스,
「원형의 폐허들」, 『픽션들』에서

머스크가 드디어 미쳐 버린 걸까

100년이 넘은 가솔린엔진 기반의 자동차를 전기 자동차로 대체하겠다는 테슬라 사의 일론 머스크(Elon Musk). 화성 탐사를 꿈꾸는 '스페이스X', 그리고 초고속 미래 이동 수단인 하이퍼루프(Hyperloop) 역시 그의 아이디어이니, 실리콘밸리 최고의 혁신가라는 명성을 누릴 만하다.

그가 얼마 전 한 인터뷰에서 "미래 인류가 가상 세계가 아닌 진짜 현실에서 살 확률은 10억 분의 1에 불과하다."라는 이야기를 해 화제가 되었다.

대부분 국내 언론에서는 머스크의 주장을 앞으로 가상 현실, 증강현실 기술이 기하급수적으로 발전해 대부분의 사람들이 현실이 아닌 가상의 세상에서 일과 여가를 즐길 것이라는 '건전한' 예측으로 이해하는 듯하다.

하지만 머스크의 주장은 사실 훨씬 더 충격적이다. 머스크의 원본 인터뷰에는 '미래 인류'라는 단어가 없다. 원본은 이렇다. "The chance we are not living in a computer

121

simulation is one in billion." 즉 "우리가 컴퓨터 시뮬레이션에서 살고 있지 않을 확률이 10억 분의 1이다."

이 말은 결국 우리가 '이미 컴퓨터 시뮬레이션 속에서 살고 있다.'는 뜻이다. 알프스산맥, 대한민국, 우리 부모님, 그리고 나 자신까지…… 모두 컴퓨터 시뮬레이션이라니! 머스크가 드디어 미쳐 버린 걸까?

머스크는 사실 옥스퍼드대학교 철학과 교수인 니클라스 보스트룀(Nick Bostrom)의 이론을 반복했을 뿐이다. 보스트룀 교수의 주장은 이렇다.

1) 기술적 한계 때문에 아직은 완벽하지 않지만, 우리는 이미 많은 컴퓨터 시뮬레이션들을 돌리고 있다.

2) 먼 미래(천년, 1만 년 후를 생각해 보자!)에는 현실과 구분되지 않는 수준의 완벽한 컴퓨터 시뮬레이션이 가능하다.

3) 진짜 현실은 단 하나지만, 시뮬레이션 된 현실은 무한으로 다양할 수 있다.

4) 우리는 우연의 결과와 우리의 동의 없이 이 세상에 태어났다. 그렇다면,

5) 우리가 태어난 현실이 우연히 단 하나인 진짜 현실일 확률보다 수많은 시뮬레이션 중 하나일 확률이 압도적으로 높다. 고로,

6) 우리가 살고 있는 현실이 컴퓨터 시뮬레이션이 아닐 확률이 수십억 분의 하나라는 명제는 논리적 결론이다.

오십오 년 전에 시뮬레이션 세상을
예언한 보르헤스

우리가 경험하고 기억하는 현실이 누군가의 시뮬레이션 일 수도 있다는 가능성. 영화 「매트릭스」가 개봉되기 오십 오 년 전, 아르헨티나의 대표 작가 호르헤 루이스 보르헤스 는 『픽션들』의 단편 중 하나인 「원형의 폐허들」에서 이미 소개한다.

주인공은 꿈을 꾼다. 꿈에서의 현실은 너무나도 현실적 이고, 꿈에서의 인물들은 본인이 주인공의 꿈이라는 사실 을 모른다. 하지만 매번 주인공은 꿈에서 깨고, 꿈에서의 현 실은 사라진다.

주인공 마법사는 꿈속에서 한 소년을 창조해 내고는 이 년이라는 시간을 투자하여 "우주의 신비와 '불' 숭배의 비 밀"을 가르쳤다. 그리고 자신의 아이를 더 교육시켜야 한다 는 사명감에 불타 "매일 꿈에 바치는 시간을 늘려" 나갔다. 그러고는 "아이가 자신이 환영이라는 것을 절대로 깨닫지 못하고, 자기가 다른 사람들처럼 한 명의 인간이라고 믿도 록 하기 위해" 남다른 노력을 기울였다. 자신이 진짜 사람 이 아니라 "다른 사람의 꿈이 투영된 존재라는 사실, 이것 이야말로 그 무엇과도 비교할 수 없는 치욕이고 혼란스러 운 것" 아닌가!

가끔씩 그는 이런 모든 일이 이전에 이미 일어났을지도 모 른다는 느낌에 불안해 했다⋯⋯. 전반적으로 그의 나날들 은 행복했다. 그는 눈을 감으면 '이제 내 아들과 함께 있게 될 거야.'라고 생각하곤 했다. 또한 자주 일어나는 일은 아니었지만, 어떤 때에는 '내가 만든 아이가 나를 기다리고 있어. 내가 가지 않으면 그는 존재하지 않게 될 거야.'라는 생각을 하기도 했다.

ー호르헤 루이스 보르헤스, 「원형의 폐허들」, 『픽션들』에서

그러던 어느 날, 폐허가 된 원형의 신전에 불이 나고 주인공은 불 속에 갇혀 버린다. 피부와 뼈를 녹여 버릴 불. 참을 수 없는 고통을 두려워하는 주인공은, 하지만 놀라운 발견을 한다.

새들이 없는 새벽에 마법사는 집중적인 화염이 벽들을 향해 닥쳐오는 것을 보았다. 순간적으로 그는 물속으로 도망치려고 생각했지만, 죽음이 자기의 노년을 영광스럽게 하기 위해, 그리고 그의 작업을 용서하기 위해 다가오고 있음을 깨달았다. 그는 불길을 향해 걸어갔다. 하지만 불길은 그의 살을 물어뜯지 않았다. 불길은 그를 쓰다듬었고, 아무런 열기도 없이 아무것도 연소시키지 않은 채 그를 불로 뒤덮었다.

ー호르헤 루이스 보르헤스, 「원형의 폐허들」, 『픽션들』에서

아픔도 두려움도 느끼지 못한 채 불 속에 있는 자신을 바라보면서 주인공은 자신 역시 결국 누군가의 꿈일 뿐이었다는 사실을 알게 된다. 인생의 모든 두려움과 아픔, 그리움과 사랑, 기억과 욕망…… 이 모든 것이 허상이었다는 사실. 기뻐해야 할까? 아니면 절망해야 할까?

현실과 허상의 경계가 점차 모호해지는 오늘날, 다시 한 번 보르헤스의 이야기에 귀 기울여 볼 만하다.

호르헤 루이스 보르헤스의 책

『픽션들』, 송병선 옮김, 민음사, 2011년.
『보르헤스의 상상 동물 이야기』, 남진희 옮김, 민음사, 2016년.
『보르헤스의 꿈 이야기』, 남진희 옮김, 민음사, 2016년.
『불한당들의 세계사』, 황병하 옮김, 민음사, 1994년.
『알렙』, 황병하 옮김, 민음사, 1996년.

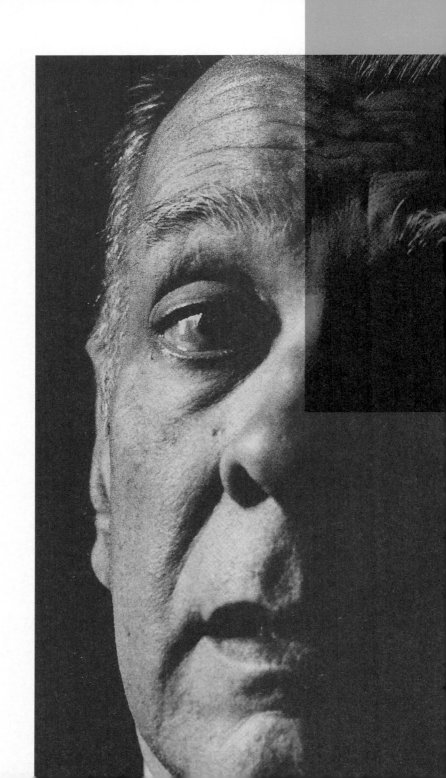

"나는 내일이면 죽을 것이다.
그러나 난 미래에 다가올 세대들에게
하나의 상징이 될 것이다."

호르헤 루이스 보르헤스

그가 추구하고 있던 목표는 초자연적인
것이기는 했지만 불가능한 것은 아니었다.
그는 한 명의 사람을 꿈꾸고 싶어 했다.
그는 아주 자세하고 완벽한 꿈을 꾸어
현실을 기만하고 싶었다.

호르헤 루이스 보르헤스,
「원형의 폐허들」, 『픽션들』에서

3부
더 깊은
차원으로
들어가라

12

복잡하고
다양할수록

더 많은 질서가

신이 되어 가고 있는 인간

단 몇 분 만이라도 확인하지 않으면 불안해지는 스마트
폰. 불과 십 년 전엔 존재하지도 않았다. 칠십 년 전 일제 강
점에서 해방되었을 당시엔 텔레비전도 세탁기도 없었고,
일반인이 자동차를 소유한다는 것은 상상조차 하기 어려웠
다. 어디 그뿐이랴. 300년 전엔 마취약도 항생제도 없어 염
증 하나 때문에 임금이 죽고 왕자의 팔다리를 맨정신에 절
단해야 했다. 1만 년 전엔 도시도 길도 국가도 없었고, 10만
년 전 인류는 옷도 신발도 없이 매일 단지 그날 하루하루를
생존하기 위해 존재했을 뿐이다.

먹고 번식하기 위해 살던 동물이던 인류는 어느새 생명
을 복제하고, 우주를 개척하며, 인간보다 더 뛰어난 지능을
가진 인공지능을 연구하는 '신'이 되어 가고 있다. 그렇다
면 가장 중요한 질문은 이거다. 우리는 어떻게 여기까지 올
수 있었을까? 맨손으로 동아프리카를 떠난 호모사피엔스
는 어떻게 전 지구를 지배하게 되었을까? 인류는 어떻게 부

를 만들어 낼 수 있었던 것일까?

고대 바빌로니아 인들은 신이 인간에게 식량과 집과 도시를 선물해 주었다고 믿었다. 하지만 그런 신은 존재하지 않았다고, 인류에게 기술과 에너지를 무료로 제공한 외계인 역시 존재하지 않았다고 가설해 보자. 결국 모든 문명과 부는 우리 인간의 손으로 만들어 냈다고 말이다. 어차피 세상에 존재하는 모든 것들은 항상 존재했다.

그렇다면 과거보다 오늘 더 잘살고, 미래가 현재보다 더 풍요롭기 위해서는 이미 존재하고 있는 것들을 더 효율적으로 재조합해야 한다. 미국의 경제학자 찰스 코브(Charles Cobb)와 폴 더글러스(Paul Douglas)는 노동과 자본을 통해 생산이 가능하다고 주장한 바 있다. 이것이 바로 거시경제학에서 말하는 '코브-더글러스 생산함수(Cobb-Dluglas production function)'다.

엔트로피, 불확실성의 척도

그런데 여기서 문제가 하나 생긴다. 자본과 노동만으로는 생산성의 증가를 충분히 설명할 수 없다는 게 대부분 경제학자들의 결론이다. 경제학자 로버 솔로(Rober Solow)가 지적했듯, 노동과 자본 외에 '지식'이 투입되어야 생산성을 늘릴 수 있다. 그렇다면 지식을 통해 생산성이 개선되는 본질적인 이유는 무엇일까? 스탠퍼드대학교의 폴 로머(Paul Romer)와 하버드대학교의 그레고리 맨큐(Gregory Mankiw) 교수가 지적한 바와 같이, 우리는 정확히 어떤 과정을 통해 지식이 생산성을 개선하는지에 대해서는 여전히 알지 못하고 있다.

MIT 미디어랩의 세자르 히달고(César Hidalgo) 교수는 복잡계 이론을 전공한 물리학자다. 『정보는 왜 증가하는가(Why Information Grows)』라는 책에서 히달고 교수는 생산 함수를 근본적으로 재해석한다. 자본, 노동, 지식을 통해 부가 느는 것이 아니라 물질, 에너지, 정보를 통해 생산성이 증가하는 것이라고.

그렇다면 정보란 무엇인가? 클로드 섀넌(Claude Shannon) 이론에 따르면 정보는 엔트로피(Entropy), 그러니까 '불확실성의 척도'를 통해 표현된다. 우주의 모든 것은 질서와 무질서 사이에 존재한다. 질서는 희귀하지만 무질서는 흔하다. 완벽하게 작동되는 스마트폰은 단 한 번만 가능하지만, 반대로 망가지거나 분해될 수 있는 상태는 무한에 가깝다. 잘 작동하는 '스마트폰'이라는 '질서'를 만들기 위해서는 에너지, 그리고 스마트폰에 필요한 물체들을 정확한 순서로 조합할 수 있는 정보가 필요하다.

인간 한 명이 생산하고 조합할 수 있는 정보는 언제나 한계가 있다. 하지만 많은 사람들의 정보가 연결되고 교환된다면 우리는 더 많은 정보를 만들어 낼 수 있을 것이다. 결국 더 많은 정보는 더 많은 질서를 가능케 하기에, 복잡하고 다양하고 연결된 사회만이 더 많은 '부'를 창출할 수 있다는 가설이 이 책의 주장이다. 100퍼센트 동의하진 않더라도, 많은 것을 생각하게 하는 책인 것만은 확실하다.

세자르 히달고 교수의 책

『Why Information Grows: The Evolution of Order, from Atoms to Economies』(Basic Books, 2015년, 국내 미출간).

『The Atlas of Economic Complexity: Mapping Paths to Prosperity』(Ricardo Hausmann, César A. Hidalgo, 2014년, 국내 미출간).

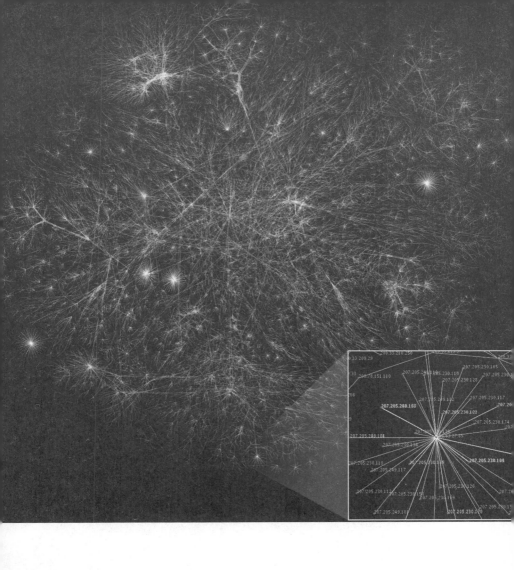

결국 더 많은 정보는 더 많은
질서를 가능케 한다.

히달고 교수에 의하면, 부가 느는 것은 자본,
노동, 지식을 통해서가 아니라 물질, 에너지,
정보를 통한 생산성 증가에 의해서다.

클로드 섀넌에 의하면,
정보는 엔트로피(Entropy),
그러니까 '불확실성의 척도'를
통해 표현된다.

13

그가 추구하고 있던 목표는 초자연적인
것이기는 했지만 불가능한 것은 아니었다.
그는 한 명의 사람을 꿈꾸고 싶어 했다.
그는 아주 자세하고 완벽한 꿈을 꾸어
현실을 기만하고 싶었다.

호르헤 루이스 보르헤스,
「원형의 폐허들」, 『픽션들』에서

3부
더 깊은
차원으로
들어가라

12

복잡하고
다양할수록

더 많은 질서가

신이 되어 가고 있는 인간

단 몇 분 만이라도 확인하지 않으면 불안해지는 스마트폰. 불과 십 년 전엔 존재하지도 않았다. 칠십 년 전 일제 강점에서 해방되었을 당시엔 텔레비전도 세탁기도 없었고, 일반인이 자동차를 소유한다는 것은 상상조차 하기 어려웠다. 어디 그뿐이랴. 300년 전엔 마취약도 항생제도 없어 염증 하나 때문에 임금이 죽고 왕자의 팔다리를 맨정신에 절단해야 했다. 1만 년 전엔 도시도 길도 국가도 없었고, 10만 년 전 인류는 옷도 신발도 없이 매일 단지 그날 하루하루를 생존하기 위해 존재했을 뿐이다.

먹고 번식하기 위해 살던 동물이던 인류는 어느새 생명을 복제하고, 우주를 개척하며, 인간보다 더 뛰어난 지능을 가진 인공지능을 연구하는 '신'이 되어 가고 있다. 그렇다면 가장 중요한 질문은 이거다. 우리는 어떻게 여기까지 올수 있었을까? 맨손으로 동아프리카를 떠난 호모사피엔스는 어떻게 전 지구를 지배하게 되었을까? 인류는 어떻게 부를 만들어 낼 수 있었던 것일까?

고대 바빌로니아 인들은 신이 인간에게 식량과 집과 도시를 선물해 주었다고 믿었다. 하지만 그런 신은 존재하지 않았다고, 인류에게 기술과 에너지를 무료로 제공한 외계인 역시 존재하지 않았다고 가설해 보자. 결국 모든 문명과 부는 우리 인간의 손으로 만들어 냈다고 말이다. 어차피 세상에 존재하는 모든 것들은 항상 존재했다.

그렇다면 과거보다 오늘 더 잘살고, 미래가 현재보다 더 풍요롭기 위해서는 이미 존재하고 있는 것들을 더 효율적으로 재조합해야 한다. 미국의 경제학자 찰스 코브(Charles Cobb)와 폴 더글러스(Paul Douglas)는 노동과 자본을 통해 생산이 가능하다고 주장한 바 있다. 이것이 바로 거시경제학에서 말하는 '코브-더글러스 생산함수(Cobb-Dluglas production function)'다.

엔트로피, 불확실성의 척도

그런데 여기서 문제가 하나 생긴다. 자본과 노동만으로는 생산성의 증가를 충분히 설명할 수 없다는 게 대부분 경제학자들의 결론이다. 경제학자 로버 솔로(Rober Solow)가 지적했듯, 노동과 자본 외에 '지식'이 투입되어야 생산성을 늘릴 수 있다. 그렇다면 지식을 통해 생산성이 개선되는 본질적인 이유는 무엇일까? 스탠퍼드대학교의 폴 로머(Paul Romer)와 하버드대학교의 그레고리 맨큐(Gregory Mankiw) 교수가 지적한 바와 같이, 우리는 정확히 어떤 과정을 통해 지식이 생산성을 개선하는지에 대해서는 여전히 알지 못하고 있다.

MIT 미디어랩의 세자르 히달고(César Hidalgo) 교수는 복잡계 이론을 전공한 물리학자다. 『정보는 왜 증가하는가(Why Information Grows)』라는 책에서 히달고 교수는 생산함수를 근본적으로 재해석한다. 자본, 노동, 지식을 통해 부가 느는 것이 아니라 물질, 에너지, 정보를 통해 생산성이 증가하는 것이라고.

그렇다면 정보란 무엇인가? 클로드 섀넌(Claude Shannon) 이론에 따르면 정보는 엔트로피(Entropy), 그러니까 '불확실성의 척도'를 통해 표현된다. 우주의 모든 것은 질서와 무질서 사이에 존재한다. 질서는 희귀하지만 무질서는 흔하다. 완벽하게 작동되는 스마트폰은 단 한 번만 가능하지만, 반대로 망가지거나 분해될 수 있는 상태는 무한에 가깝다. 잘 작동하는 '스마트폰'이라는 '질서'를 만들기 위해서는 에너지, 그리고 스마트폰에 필요한 물체들을 정확한 순서로 조합할 수 있는 정보가 필요하다.

인간 한 명이 생산하고 조합할 수 있는 정보는 언제나 한계가 있다. 하지만 많은 사람들의 정보가 연결되고 교화된다면 우리는 더 많은 정보를 만들어 낼 수 있을 것이다. 결국 더 많은 정보는 더 많은 질서를 가능케 하기에, 복잡하고 다양하고 연결된 사회만이 더 많은 '부'를 창출할 수 있다는 가설이 이 책의 주장이다. 100퍼센트 동의하진 않더라도, 많은 것을 생각하게 하는 책인 것만은 확실하다.

세자르 히달고 교수의 책

『Why Information Grows: The Evolution of Order, from Atoms to Economies』(Basic Books, 2015년, 국내 미출간).

『The Atlas of Economic Complexity: Mapping Paths to Prosperity』(Ricardo Hausmann, César A. Hidalgo, 2014년, 국내 미출간).

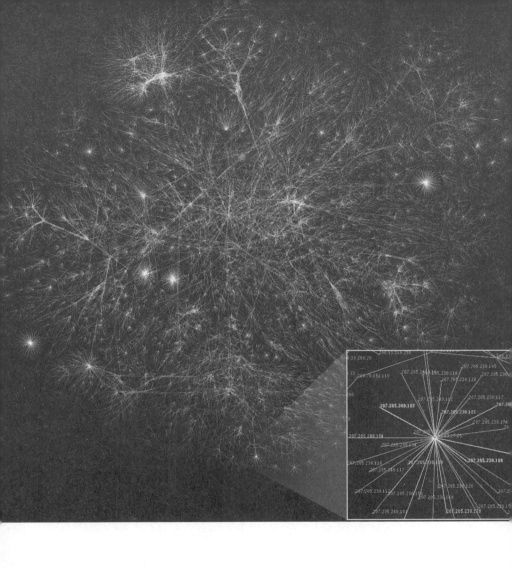

결국 더 많은 정보는 더 많은
질서를 가능케 한다.

히달고 교수에 의하면, 부가 느는 것은 자본,
노동, 지식을 통해서가 아니라 물질, 에너지,
정보를 통한 생산성 증가에 의해서다.

클로드 섀넌에 의하면,
정보는 엔트로피(Entropy),
그러니까 '불확실성의 척도'를
통해 표현된다.

13

누구를

존경해야 하는가

어차피 역사는 승자가 쓰기 때문이다.
그리스의 역사는 그리스인들이 남겼다.
그리고 페르시아 인들의 역사 역시 그리스인들이 남겼다.
하지만 그리스인들이 남긴 페르시아의 역사는
자기들이 남기고 싶었던 역사였지,
진짜 페르시아인들의 역사는 아니었다.

영화 「300」에 담긴 승자의 역사

「300」이라는 영화를 기억할 것이다. 기원전 480년 페르시아 아케메네스왕조의 크세르크세스 1세는 100만 대군을 이끌고 그리스를 침략하지만, 테르모필레 계곡을 지키던 단 300명의 스파르타 병사들과 힘겨운 전투를 벌이게 된다는 내용이다. 크세르크세스의 대군이 정말 100만 명이었고 계곡을 방어하던 스파르타 인들이 300명뿐이었는지는 물론 알 수 없지만, 이런 전투가 있었다는 것만은 사실이다.

하지만 영화의 왜곡은 상상을 초월한다. 빨간 팬티 하나만 입은 스파르타 병사들은 모두 아널드 슈워제네거에 버금가는 빵빵한 근육을 가졌지만, 페르시아 병사들은 여성스럽고 약간은 변태 같다. 크세르크세스 황제 역시 눈, 코, 귀를 피어싱한 변태 서커스 광대같이 생겼다.

나치 조각가 아르노 브레커(Arno Breker) 작품에 등장할 만한 스파르타 병사들이 "스파르타!!!"라고 외치며 돌격하면 수천, 수백 명의 페르시아 병사들은 장난감 군인같이 쓰

147

러져 버린다.

하지만 다시 한번 기억해 보자. 페르시아는 서인도에서 이집트와 터키까지 지배하던 당시 최고의 슈퍼파워였다. 아케메네스왕조는 다양한 민족과 종교를 인정하는 다문화 제국을 완성했다.

반대로 스파르타는 장애인과 '나쁜' 유전자를 가진 신생아를 버려 버리는 전체주의 국가였다. 스파르타 영토의 원주민이었던 '헬롯' 사람들을 노예로 만들어 모든 농사와 일을 시켰다. 스파르타 청년들은 헬롯 인 한 명을 쥐도 새도 모르게 죽여야만 진정한 성인으로 인정받았다.

다민족, 다문화 전통을 자랑하던 세계 최고의 슈퍼파워 페르시아와 시골 변두리 전체주의 마을의 인종차별주의자들인 스파르타의 전투. 어떻게 이것이 「300」이라는 영화에서처럼 왜곡될 수 있었을까?

답은 단순하다. 어차피 역사는 승자가 쓰기 때문이다. 페르시아는 그리스를 점령하지 못했지만, 추후 알렉산드로스 황제는 아케메네스왕조를 무너뜨렸다. 그리스의 역사는 그리스인들이 남겼다. 그리고 페르시아 인들의 역사 역시 그리스인들이 남겼다. 하지만 그리스인들이 남긴 페르시아의 역사는 자기들이 남기고 싶었던 역사였지, 진짜 페르시아 인들의 역사는 아니었다.

잊히고 왜곡된 패자의 역사

세계 최고의 아케메네스왕조 전문가인 프랑스 석학

피에르 브리앙 교수가 2003년 프랑스에서 출간한 『알렉산드로스 그늘 아래의 다리우스(Darius in the shadow of Alexander)』가 드디어 영어로 출간되었다.

아케메네스왕조의 마지막 황제 다리우스. 그리스 로마와 유럽 역사, 그리고 유럽 역사를 고스란히 받아들인 일본, 그리고 일본 역사학을 그대로 가져온 우리나라에서 다리우스에 대한 해석은 간단하다. 마치 신 같은 알렉산드로스가 무능하고 퇴폐적인 다리우스 황제를 물리쳤다는 것이다. 폼페이에서 발견된 '알렉산드로스 모자이크'에서의 다리우스 황제는 두 눈을 크게 뜬 멍청한 겁쟁이일 뿐이다.

브리앙은 질문한다. 지난 수천 년 동안 알렉산드로스 황제의 그늘 아래 잊힌 다리우스. 그는 과연 누구였을까? 세상을 정복하겠다는 터무니없는 꿈을 이루기 위해 수많은 병사와 친구들을 희생시킨 알렉산드로스 황제. 반대로 포로가 된 사랑하는 가족을 구하기 위해 제국의 왕관도 포기하려 했던 다리우스 대왕.

우리가 진정으로 존경해야 할 사람은 누구일까? 잔인한 승자일까? 아니면 가족을 사랑한 패자일까?

149

피에르 브리앙 교수의 책
『Darius in the Shadow of Alexander』(Harvard University Press, 2015년, 국내 미출간)
『알렉산더 대왕』, 시공사, 1995년.

알렉산드로스 대왕

세상을 정복하겠다는 터무니없는 꿈을
이루기 위해 수많은 병사와 친구들을
희생시킨 알렉산드로스 황제. 반대로 포로가
된 사랑하는 가족을 구하기 위해 제국의
왕관도 포기하려 했던 다리우스 대왕.
우리가 진정으로 존경해야 할 사람은
누구일까?

다리우스 대왕

14

내가 생각하는
러시아가

진짜 러시아일까

"모든 권력은 사람에 대한 폭력이며 언젠가는
황제의 권력도, 다른 어떤 권력도 전부 없어지는 때가
올 거라고요. 사람은 진리와 정의의 제국에 들어설
것이며 그곳에서는 어떤 권력도 필요하지 않을 것입니다."

미하일 불가코프,
『거장과 마르가리타』에서

러시아, 어디까지 알고 있니

국내 항공사의 광고 문안을 살짝 이용해 한번 물어보자. "러시아, 어디까지 알고 있니?" 러시아는 우리에게 어떤 나라일까? 우선 라스푸틴, 스탈린, 푸틴 정도가 생각날 것이다. 러시아 문학을 사랑한다면 톨스토이, 도스토예프스키, 막심 고리키의 얼굴이 떠오를 수도 있다.

하지만 이 모두에겐 공통점이 하나 있다. 바로 러시아는 우리에게 언제나 조금은 어둡고 진지하다는 점이다. 유머 감각이 없는 러시아. '쿨 브리타니아(cool Britannia)'를 나라의 슬로건으로 선택한 영국과는 달리 러시아는 전혀 쿨하지 않다.

독일에서 군사 기술을, 네덜란드에서 선박 기술을, 그리고 영국에서 수학을 공부한 황제 표트르 1세(표트르 알렉세예비치 로마노프, 1672-1725)는 러시아를 서유럽화하려고 평생 노력했다.

새 수도 상트페테르부르크를 고대 그리스 로마식 건물

155

로 가득 채우고, 남성들의 긴 수염과 여성들의 치마를 강제로 짧게 자르라고 명령한다. 하지만 어떻게 한 사람의 의지만으로 러시아같이 거대한 나라를 바꾸어 놓겠는가.

러시아의 진짜 모더니즘

표트르 대제의 죽음은 러시아인들에게 영원한 숙제를 하나 남긴다. 아시아와 유럽을 가로지르는 러시아, 서유럽이 되고 싶지만 될 수 없는 러시아, 서유럽의 계몽주의와 민주주의를 그대로 받아들이기에는 너무나도 자존심이 강한 러시아.

하지만 러시아가 진정으로 '쿨' 했던 시기도 있었다. 아니, 러시아가 이 세상 그 어느 나라보다 더 선진적이고 앞서 나갔던 시절이 한 번 있었다. 1917년 니콜라스 2세가 물러나고 스탈린의 독재가 시작될 때까지 단 십 년 동안 진정한 '문화혁명'이 일어난다.

카지미르 말레비치(Kazimir Malevich), 블라디미르 타틀린(Vladimir Tatlin), 엘 리시츠키(El Lissitzky)는 현대 미술과 디자인의 기반을 구축하고, 세르게이 예이젠시테인(Sergei Eisenstein)과 야코프 프로타자노프(Yakov Protazanov)는 그 누구보다 시각적으로 세련된 영화들을 만들어 낸다.

문학 역시 예외는 아니었다. 마야콥스키(Vladimir Mayakovsky)의 아방가르드 시, 다닐 하름스(Daniil Kharms)의 부조리주의적 드라마, 안드레이 플라토노프(Andrei Platonov)의 존재주의. 그리고 물론 미하일 불가코프를 잊을 수 없다.

개인적으로 미하일 불가코프(Mikhail Bulgakov)의 『거장과 마르가리타』는 문학 역사상 가장 재미있고 웃긴 책이라고 생각한다. 러시아 문학이 웃길 수 있다고? 물론 그렇다. 이반 곤차로프(Ivan Goncharov)의 『오블로모프(Oblomov)』만 기억해 봐도 알 수 있다.

미하일 불가코프의 책

『거장과 마르가리타』, 정보라 옮김, 민음사, 2010년.
『개의 심장』, 김세일 옮김, 창비, 2013년.
『젊은 의사의 수기. 모르핀』, 이병훈 옮김, 을유문화사, 2011년.
『백위군(희곡)』, 강수경 옮김, 지만지, 2010년.

"나는 인생을 향해 나아가서 그것을 양손에
쥐었고 바로 그때 내 인생은 끝장이 났소."
거장이 고개를 숙이며 속삭였다. M이라는
글자가 금빛으로 수놓인 검은 모자가 오랫동안
서글프게 흔들렸다. 그는 이야기를 계속했으나
이야기는 조금 흐트러져 있었다. 이해할 수
있는 것은 단 한 가지, 이반의 손님에게
뭔가 커다란 재앙이 일어났다는 것뿐이었다.
"나는 그때 처음 문학계에 뛰어들었지만,
모든 것이 끝나 버리고 파국이 눈앞에 닥쳐온
지금 문학계를 생각하면 끔찍하기 그지없소!"
거장이 장엄하게 속삭이고는 손을 치켜들었다.
"그래요, 그는 정말 나에게 충격을 주었소.
아, 얼마나 끔찍했던지!"

연극 「거장과 마르가리타」의 장면

오늘 하루 동안 벌써 두 번째로 우울감이 그를 덮쳐 왔다.
총독은 아침의 지옥 같은 고통에 비하면 이제는 그저
둔하고 조금 욱신거릴 뿐인 관자놀이를 문지르며 자신의
영혼이 왜 이토록 고통스러운지 납득하려 전력을 다했다.
사실 그는 그 이유를 잘 알았지만 지금 자기 자신을
기만하려 애쓰는 것이었다. 오늘 낮에 뭔가를 돌이킬 수
없이 놓쳐 버렸다는 사실이 이제 분명해졌고, 그 놓친 것을
지금 어떤 하찮고 보잘것없으며 무엇보다도 뒤늦은
행위로 바로잡으려는 것이다.

미하일 불가코프,
『거장과 마르가리타』에서

НЕ ШАЛЮ, НИКОГО НЕ ТРОГАЮ, ПОЧИНЯЮ ПРИМУС

15

무의미한
투쟁에서

또오나라

"아시겠지만, 이성에 반하는 불합리한 명제의 권위를
무화시키는 데 웃음은 아주 좋은 무기가 될 수 있습니다.
웃음이란 사악한 것의 기를 꺾고 그 허위의 가면을 벗기는
데 요긴할 수 있기 때문입니다. (……) 비록 이성으로
입을 자제하고 있기는 하나 당신은 지금 무엇인가를
비웃고 있고, 저 역시 그 이야기를 진지하게 받아들이지
않기를 원하고 있지요. 당신은 웃음을 비웃고 있습니다만,
어쨌든 웃고 있는 것만은 분명하지 않은가요?"

움베르토 에코,
『장미의 이름으로』에서

철학 책을 쓴 소설가

기호학자이자 중세학자, 그리고 세계적인 베스트셀러 작가였던 이탈리아의 석학 움베르토 에코. 누가 보기에도 거대한 체구를 가졌던 그는 거의 매일 저녁마다 춤을 즐겼다고 한다. 그것도 매우 우아하게 말이다.

하지만 그것도 잠시. 에코는 언제나 너무 늦지 않은 밤 자신의 집으로 향했다. 아니, 집 그 자체가 아니라 수천 권의 책으로 빽빽하게 채워진 자신의 서재로 돌아갔다. 미쳐버릴 정도로 혼란스럽고 절망스러울 정도로 어리석은 세상. 에코에게 서재는 자신만을 위한 영원한 피신처였던 것이다. 마치 배트맨의 동굴처럼.

"남들은 쉰 살이 되면 가족을 버리는데, 나는 잔인한 살인 사건이 벌어지는 중세 수도원 이야기를 쓰기로 했다." 그리하여 에코는 어느 날 갑자기 『장미의 이름』이라는 소설을 쓰기 시작한다. 유명 교수로서 겪을 수도 있는 불명예와 부끄러움을 무릅쓰고 쓰기 시작한 소설. 에코는 드디어

167

더 이상 중세 수도승 연구만 하는 학자가 아니라, 그 스스로 글자 하나하나를 어렵게 적어 내는 수도승이 되어 버린 것이다.

『장미의 이름』은 사실 소설책이 아니다. 소설인 척하는 철학 책이다. 미셸 푸코, 자크 데리다, 장 보드리야르 같은 포스트모던 철학자들을 연구하기도 한 에코는 철학 책을 소설책이라 착각하고 읽을 독자들을 생각하며 얼마나 즐거워했을까?

'장미'라는 이름뿐......

중세 스콜라철학에서 가장 큰 문제는 '보편성'이었다. 고양이, 사각형, 행복, 평화 등 우리는 다양한 개념들을 인지하고 있다. 그런데 수백 종의 다양한 고양이들만이 아니라, 뛰어다니고 앉아 있는 고양이까지 모두 제각각 다르게 생겼다. 그렇다면 보편성은 어떻게 만들어지는 것일까?

플라톤은 모든 개념은 이데아 세상에만 존재하는 완벽한 개념의 그림자라는 '실념론(realism)'을 주장한 바 있다. 반대로 아리스토텔레스는 개념은 인간의 경험을 통해 만들어지기에, 개념의 유일한 보편성은 그들 간의 동일한 이름뿐이라는 '유명론(nominalism)'을 제시했다.

에코는 『장미의 이름』에서 지극히 유명론적인 메시지를 남겼다. 어차피 그 아름다웠던 장미가 남기는 것은 '장미'라는 이름뿐이다. 마녀사냥, 종교전쟁, 인종차별. 현실적 검증 없는 개념은 무의미하지만 인간은 다양한 이데올로기의

'이름'을 위해 서로를 죽이고 학대한다.

『장미의 이름』에서 범인은 단 하나뿐인 아리스토텔레스의 『시학』 2편의 존재를 숨기기 위해 수많은 사람들을 살해한다. 웃음과 유머를 허락하지 않는 중세철학과는 달리 『시학』 2편에서 아리스토텔레스는 코미디의 중요성을 주장했기 때문이다. "그렇게 위대한 철인이 서책 한 권을 웃음에 바쳤다면, 필시 웃음이라고 하는 것이 그만치 중요하기 때문이 아니겠는가."

사실 세상이 무의미하다는 진실은 포스트모던다운 미소를 짓게 하지만, 존재하지 않는 영원한 의미를 추구하는 이데올로기들은 언제나 폭력과 불행의 시작이 된다.

움베르토 에코의 책
『장미의 이름』 세트, 이윤기 옮김, 열린책들, 2009년.
『세상의 바보들에게 웃으면서 화내는 방법』, 이세욱 옮김, 열린책들, 2009년.

"희극은 보통 사람의 모자라는 면이나 악덕을
왜곡시켜 보여 줌으로써 우스꽝스러운 효과를
연출하지요. 여기에서 아리스토텔레스는 웃음을,
교육적 가치가 있는 선을 지향하는 힘으로 봅니다.
(······) 그런데 희극이라고 하는 것은 실상이
아닌 것을 보여 주는데도 불구하고 기지 넘치는
수수께끼와 예기치 못한 비유를 통해
실상이라는 것을 다시 한 번 검증하게 하고,
'아하, 실상은 이러한 것인데 나는 모르고 있었구나.'
하고 감탄하게 만든다는 것이지요. 말하자면
실재보다 못한, 우리가 실재라고 믿던 것보다 열등한
인간과 세계를 그림으로써, 성인의 삶이 우리에게
보여 주는 것보다, 서사시보다, 비극보다 더
열등한 것을 그림으로써 진리에 도달하는
하나의 방법을 제시한다는 것입니다."

움베르토 에코,
『장미의 이름』에서

"아무도 들어가서는 안 되고, 또 들어갈 수도 없습니다.
들어가고 싶어도 들어가지 못합니다. 장서관은, 그 안에
소장되어 있는 진리 그 자체처럼 불가사의한 방법으로,
그 안에 소장되어 있는 허위처럼 교묘하게, 스스로를
지켜 냅니다. 장서관은 정신의 미궁이며 지상의 미궁인
것입니다. 혹 들어갈 수 있었다고 하더라도 나오는 것은
뜻처럼 되지 않을 겁니다."

움베르토 에코,
『장미의 이름으로』에서

나는 전율을 금할 수 없었다. 생사가 걸린
문제인데도 불구하고 두 분이 오로지
상대의 갈채를 받기 위해서 싸워 온 것인 양
서로 상대에게 감탄하고 있었기 때문이다.
(……) 그러니까 이레 동안 두 사람은
교묘한 약속 아래, 서로 두려워하고 서로
증오하면서 은밀히 서로를 찬양할 준비를
하고 있었던 것 같았다.

움베르토 에코,
「장미의 이름」에서

16

역사는 과연

누구의 것인가

1500년 전 목숨을 걸고 비밀리에 쓰인 『비밀 역사』는
우리에게 묻는다.
역사는 과연 누구의 것일까?

역사는 계속 재해석된다

1789년 7월 14일, 빈곤과 억압에 시달리던 파리 시민들은 바스티유 감옥을 습격한다. 800년 12월 25일, 프랑크왕국의 카롤루스는 교황 레오 3세로부터 로마 황제직을 수여받아 신성로마제국의 첫 황제가 된다. 312년 10월 28일, 콘스탄티누스는 로마 근교 밀비우스 다리에서 막센티우스와 로마 황제 자리를 놓고 대전을 벌인다. 콘스탄티누스가 승리하고, 그가 지지하던 기독교는 로마제국의 공식 종교로 자리 잡기 시작한다.

모두 역사의 거대한 변곡점들이었다. 그런데 잠깐! 이 모두 1000년, 1500년 전에 일어난 일들이지 않나. 당시 살았던 목격자도 동영상도 녹음테이프도 존재하지 않는다. 그렇다면 우리는 어떻게 과거의 역사가 진실이라는 확신을 가질 수 있을까?

고고학, 역사학, 언어학, 물리학, 화학, 생물학까지, 우리는 다양한 방법을 통해 현재 남아 있는 과거의 기록들을 분

석하고 해석한다. 과거는 언제나 현재에 남아 있는 과거의 그림자일 뿐이다. 그렇다면 과거의 그림자와 과거 그 자체는 일치할까? 물론 아니다. 미래에 새로운 기록이 발견된다면 과거는 재해석될 수 있다. 과거는 과거, 현재, 그리고 미래 모두의 영향을 받는다는 말이다.

기록의 역사 vs. 실제의 역사

그런데 여기서 문제가 생긴다. 만약 과거에 대한 기록이 단 하나만 존재한다면? 단 한 명의 기록만 남아 있다면? 이것이 바로 프로코피우스의 『비밀 역사(Historia Arcana)』(2007)가 남긴 문제의 핵심이다. 프로코피우스는 누구였던가. 6세기 동로마제국의 유스티니아누스 황제는 대로마제국의 재건을 시도한다. 4세기, 5세기 게르만 민족들에게 점령당한 서로마의 영토들을 다시 정복하겠다는 야심 찬 계획이었다.

누가 그런 거대한 계획을 실천할 수 있을까? 바로 동로마의 영웅 벨리사리우스 장군이었다. 벨리사리우스는 황제의 명령에 따라 북아프리카를 장악한 반달 족을 멸망시키고, 이십 년 가까이 지속된 전쟁을 통해 이탈리아와 로마를 고트 족으로부터 해방시키는 데 성공한다. 하지만 해방의 대가는 너무나 컸다. 고트 왕족의 지배 아래 여전히 번창하던 이탈리아는 황폐지로 변하고, 고대 로마는 마침내 멸망한다.

벨리사리우스의 비서였던 프로코피우스는 이 모든 사실

들을 『유스티니아누스의 전쟁들』(2014)(1, 2권 「페르시아 전쟁」, 3, 4권 「반달 전쟁」, 5, 6, 7권 「고트 전쟁」)이라는 책을 통해 기록한다. 이 책에 만족한 황제는 프로코피우스에게 『유스티니아누스의 건축물』이라는 책을 통해 자신의 업적을 홍보하게까지 한다. 하지만 『전쟁들』과 『건축물』 사이에 프로코피우스는 아무도 모르게 또 한 권의 책을 작성하고 있었다. 바로 『비밀 역사』다.

1623년에야 출간된 『비밀 역사』의 내용은 충격적이었다. 유스티니아누스는 악마와도 같은 존재였고, 황비 테오도라는 집단 섹스와 동물과의 성행위를 즐기던 창녀 출신이었으며, 테오도라와 유스티니아누스는 끝없는 탐욕과 거짓말로 로마제국을 멸망시킨 장본인들이라는 것이다. 로마제국을 재건하고 소피아 성당을 설립한 『전쟁들』의 유스티니아누스와, 황비의 외도와 잔인함을 언제나 눈감아 주던 『비밀 역사』의 유스티니아누스. 누가 진짜이고 누가 허구일까? 우리는 알 수 없다. 믿을 만한 6세기 동로마제국 기록은 드물고, 황제와 황비에 대한 기록은 오로지 프로코피우스의 『비밀 역사』뿐이니 말이다.

1500년 전 목숨을 걸고 비밀리에 쓰인 『비밀 역사』는 우리에게 묻는다. 역사는 과연 누구의 것일까? 승자와 패자. 황제와 비서. 선진국과 후진국. 제국과 식민지. 누구의 역사가 과연 진실일까?

프로코피우스의 책

『비밀 역사(The Secret History)』(Vintage, 2007년, 국내 미출간)

『유스티니아누스의 전쟁들(The Wars of Justinian)』(Hackett Publishing Company, Inc.; Revised edition, 2014년, 국내 미출간)

『프로코피우스의 비잔틴제국 비사』, 곽동훈 옮김, 들메나무, 2015년.

미래에 새로운 기록이 발견된다면
과거는 재해석될 수 있다. 과거는
과거, 현재, 그리고 미래 모두의
영향을 받는다는 말이다.

램브란트,
「책상에 앉아 있는 학자」(1634)

로마제국을 재건한 『전쟁들』의 유스티니아누스와
악마와도 같은 『비밀 역사』의 유스티니아누스.
누가 진짜이고 누가 허구일까? 승자와 패자.
황제와 비서. 선진국과 후진국. 제국과 식민지.
누구의 역사가 과연 진실일까?

4부
과거에서
미래를 구하라

17

로마제국 성공의

비밀은 무엇인가

모든 서양 문화는 로마에 대한 '오마주'일 뿐

워싱턴, 런던, 파리, 베를린은 서양 강대국들의 수도다. 2차 세계대전 당시 도심 대부분이 파괴된 베를린을 제외한 나머지 수도들 간에는 공통점이 하나 있다. 신전 같은 거대한 건물들, 하얀 대리석 기둥, 그리스 로마 신화에 등장할 만한 동상들. 그렇다, 서양 강대국들 수도의 공통점은 고대 로마를 모방한다는 점이다.

너무나 당연한 사실일 수도 있다. 영국의 철학자이자 수학자 앨프리드 화이트헤드가 모든 서양철학은 플라톤에 대한 각주일 뿐이라고 주장한 바 있듯, 서양의 모든 역사는 어쩌면 고대 로마에 대한 '오마주'일지도 모르니 말이다.

이탈리아 반도 테베레 강변에 자리 잡은 로마. 서쪽 끝 영국에서 동쪽 끝 이라크까지, 북독일 라인 강에서 아프리카 사막까지 점령한 로마. 범죄자와 피란민들이 개척한 작은 마을로 시작한 보잘것없는 로마. 페르시아제국, 몽골제국, 오스만제국…… 제국의 크기로는 로마 버금갔지만 로

마의 법, 정치, 문명, 건축만이 오늘날까지 세상을 지배하고
있다.

'시민권'이라는 마술이 탄생시킨 제국

케임브리지대학교 고대역사학자 메리 비어드(Mary Beard)
교수는 저서 『SPQR』에서 질문한다. 'Senatus Populusque
Romanus(SPQR)', 즉 "로마의 원로원과 시민들"로 시작된 로
마제국은 어떻게 세상을 지배하게 된 것일까? 우선 『로마인
이야기』로 유명한 시오노 나나미 같은 사이비 역사학자 덕분
에 가지게 된 편견부터 버리자. 카이사르 같은 '위대한' 영웅
들과 로마인들만의 독특한 야망과 능력 때문에 로마가 성공
한 것은 절대 아니다. 2000년 전 지중해 주변엔 카이사르보다
더 카리스마 넘치는 지도자들도 있었고, 로마보다 더 많은 능
력과 야망이 넘치는 도시들도 많았다.

그렇다면 로마제국의 비밀은 과연 무엇이었을까? 비어
드 교수는 '우연'과 '확장된 시민권'이라고 주장한다. 로마
가 성공해야만 했던 필연적인 이유는 사실 하나도 없었다
는 말이다. 기원전 216년 칸네전투에서 7만 명 넘는 로마
군사를 몰살시킨 카르타고의 한니발 장군은 왜 바로 로마
를 침략하지 않았을까? 아주 다르게 전개될 수도 있었을 카
르타고와 로마의 역사.

로마는 '역사'라는 도박에서 운이 좋았던 것이다. 물론
그게 전부는 아니다. 고대 문명의 전쟁은 단순했다. "적을
물리치고 적의 땅과 재산을 빼앗는다." 정도였으니 말이다.

212년 카라칼라 황제는 로마제국에 살고 있는
모든 시민들에게 로마 시민권을 주었다.
'로마'는 단순히 더 이상 한 도시의 이름이 아닌
세상을 지배하고 다스리는 보편적 제국의
영원한 꿈이 되어 버린 것이다.

18

추상적인
이데올로기에
오염되는 세상

하지만 로마는 달랐다. 점령한 민족을 새로운 로마인으로 흡수하고, 과거 적의 신을 자신의 새로운 신으로 받아들이는 유연성과 자신감을 가지고 있었다. 이렇게 로마 군과 싸우던 갈리아 인들의 후손은 로마의 장군이 되었고, 북아프리카 유목민의 후손은 로마 원로원 의원이 되었다.

　로마인들만의 권한이었던 로마 시민권은 점차 이탈리아 반도의 모든 이들에게 확대되었고, 드디어 212년 카라칼라 황제는 로마제국에 살고 있는 모든 시민들에게 로마 시민권을 주었다. '로마'는 단순히 더 이상 한 도시의 이름이 아닌 세상을 지배하고 다스리는 보편적 제국의 영원한 꿈이 되어 버린 것이다.

메리 비어드 교수의 책

『SPQR: A History of Ancient Rome』(Liveright; 1 edition, 2016년, 국내 미출간).

『폼페이, 사라진 로마 도시의 화려한 일상』, 강혜정 옮김, 글항아리, 2016년.

브리튼에 처음 도착한 카이사르

로마제국의 비밀은 과연 무엇이었을까?
메리 비어드 교수는 '우연'과
'확장된 시민권'이라고 주장한다.

『중세』는 이탈리아 석학이자 소설가인
움베르토 에코가 기획하고 수백 명에 이르는
최고의 중세 전문가들이 참여한 작품이다.
『장미의 이름』으로 글로벌 스타가
되기도 한 에코는 사실 기호학자이며
중세 스콜라철학 전문가다.

19

기호학의 전성시대

옴베르토 에코가 기획한 책 『중세』는 거의 1000쪽이나 되는 정말 두꺼운 책이다. 그런데 이게 다가 아니란다. 총 네 권으로 기획된 시리즈 가운데 이제 겨우 첫 두 권이 출간되었으니, 전체 컬렉션이 다 출간되면 4000쪽 정도의 책이 되는 것이다. 중세기에 대해 도대체 무슨 할 이야기가 그렇게도 많은 걸까? 그것도 화성으로 우주선을 보내겠다는 2016년에 말이다.

『중세』는 이탈리아 석학이자 소설가인 옴베르토 에코가 기획하고 수백 명에 이르는 최고의 중세 전문가들이 참여한 작품이다. 『장미의 이름』으로 글로벌 스타가 되기도 한 에코는 사실 기호학자이며 중세 스콜라철학 전문가다.

왜 하필 중세 철학일까? 어쩌면 중세기야말로 기호학 최고의 전성 시대라 할 수 있기 때문이다. 고대 그리스 로마인들은 경험과 행복, 그리고 이 세상에서의 성공을 추구했지만 중세는 죽음과 기호의 문명이었다.

영원할 것만 같던 제국의 수도 로마가 410년 서고트 족에게 점령되자 그리스 로마인들은 존재적 혼란에 빠진다. 로마마저 영원하지 않다면 삶과 존재에 무슨 의미가 있을까? 북아프리카 도시 히포 레기우스의 주교였던 아우렐리우스 아우구스티누스(성 아우구스티누스)는 극단적인 해답을 제시한다. 삶의 본질은 이 세상이 아닌 저세상에 있다고. 신의 제국(civitate dei)은 눈에 보이는 로마가 아닌 보이지 않는 진정한 예루살렘에 있다고.

로마는 점령당할 수도, 지구에서 사라질 수도 있다. 말하나 마나 한 사실이다. 그러나 나의 영생, 그리고 죽음이라는 강을 넘었기에 이별해야만 했던 사람들과의 만남은 진정한 '신국'인 저세상 예루살렘에서만 가능하다.

중세는 아직 끝나지 않았다

존재의 본질이 직접 경험할 수 없는 세상에서만 가능하다면 고대 철학자들이 추구하던 실험과 경험은 무의미해진다. 기호학과 논리를 통해 성경을 제대로 해석하는 것이야말로 인간에게 주어진 유일한 진실과 진리의 길이라는 말이다.

눈에 보이는 세상의 멸망이 가져온 보이지 않는 세상에 대한 집착이 5세기부터 16세기까지 중세 역사의 핵심이라고 볼 수 있다. 고대 그리스 로마가 추구하던 이성, 경험 그리고 개인의 자유와 행복이 비참하게 무너져 버린 5세기에서 10세기, 찬란한 이슬람 문명과 멸망해 가는 비잔틴제국의 영향을 받았던 10세기에서 13세기, 독창적인 유럽 문명을 탄생시킨 13세기에서 15세기. 그리고 드디어 서서히 다시 이성과 개인의 행복을 되찾기 시작한 15세기에서 16세기.

1000년이 넘는 이 방대한 역사를 설명하기에 4000쪽은 사실 그다지 많은 것이 아니다. 중세사 최고의 책으로 꼽히는 독일 dtv출판사의 『중세 사전(Lexikon des Mittelalters)』(1980)은 아홉 권으로 나뉘어 총 9900쪽이나 되니 말이다.

우리는 왜 중세를 이해해야 하는가? 문명이 다시 야만으로 쇠퇴하고, 개인의 자유와 행복이 추상적인 이데올로기에 억눌리는 세상. 2017년 오늘도 세상 곳곳에서 '중세'는 여전히 끝나지 않았기 때문이다.

중세에 관한 책

『중세1: 476-1000: 야만인, 그리스도교, 이슬람교도의 시대』, 움베르토 에코, 김효정, 최병진 옮김, 차용구, 박승찬 감수, 시공사, 2015년.

『중세2: 1000-1200: 성당, 기사, 도시의 시대』, 움베르토 에코, 윤종태 옮김, 차용구, 박승찬 감수, 시공사, 2015년.

『중세3: 1200-1400: 성, 상인, 시인의 시대』, 움베르토 에코, 김정하 옮김, 차용구, 박승찬 감수, 시공사, 2016년.

『중세 사전(Lexikon des Mittelalters : 10 Volume Set - Lexicon of the Middle Ages)』(Artemis & Winkler Verlag, 1980년, 국내 미출간).

우리는 왜 중세를 이해해야 하는가?
문명이 다시 야만으로 쇠퇴하고, 개인의
자유와 행복이 추상적인 이데올로기에
억눌리는 세상. 오늘도 '중세'는
여전히 끝나지 않았기 때문이다.

과거의
죄는

잊워야 할까

"이 길의 끝에 용서가 기다리고 있지 않으며,
이제까지 숨겨 온 일을 밝히고 과거와 직면해야 한다
고 주장할 테지요. 하지만 그런 목소리들은 여전히
소수이고, 아마도 다른 사람들을 설득하지 못할 거예요."

가즈오 이시구로,
『파묻힌 거인』에서

망각이라는 안개를 뿜어내는 용

로마 병사들과 관료들은 이미 떠났지만 중앙 왕정은 아직 확립되지 않은 시절. 지금은 '잉글랜드'라 불리는 섬의 주인 브리튼 족과 침략자 색슨 족 '영국인들(anglo-saxon)'. 수십 년간의 전쟁과 학살과 복수. 아들은 어머니를 죽인 남자를 죽이고, 그는 다시 남자의 아들에게 살해를 당한다. "전 늙은 여자와 순진한 아이들의 얼굴에서 바닥을 알 수 없는 깊은 바다 같은 어두운 증오를 보았어요. 저 자신이 직접 그런 증오를 느낀 적도 있고요." 브리튼 족과 색슨 족 사이에 증오심은 깊어만 간다.

극적으로 브리튼 족과 색슨 족 간에 '영원한 평화'가 이루어진다. 그런데 아서 왕이 완전한 평화를 위한다는 명분으로 이 불안한 휴전을 깨고 색슨 족 여자와 아이들을 학살한다. 어렵사리 휴전을 이끌어 냈던 브리튼 족 기사는 경악한다.

"여자와 아이와 노인은 해치지 않는다고 엄숙하게 합의한
뒤라 그들은 무방비 상태로 마을에 남아 있었어요. 그런데
도 그들 모두, 심지어는 갓난아기까지도 우리 손에 살해되
었습니다. 이런 일이 방금 전 우리에게 일어났다면 증오심
이 사그라들까요? (……) 오늘 벌어진 일로 이 증오의 악
순환은 오히려 철로 된 단단한 고리로 바뀌었어요."

—가즈오 이시구로, 『파묻힌 거인』에서

아서 왕은 생각한다. 이번의 승리가 또다시 새로운 전쟁
과 살육으로 반복돼서는 안 된다고. 그래서 '케리그'가 필
요하다. 코에서 숨을 쉴 때마다 뿜어내는 안개가 기억을 잊
게 한다는 전설의 용. 아서 왕의 마술사 멀린은 케리그를 길
들여 깊은 계곡에서 망각의 안개를 뿜어내도록 한다.

그리고 먼 훗날, 평화로운 작은 마을에서 살고 있는 브
리튼 족 노부부 액슬과 비어트리스. 힘들지만 불만스럽지
않은 단순한 농부의 삶을 살고 있다. 하지만 그들은 어제 있
었던 일조차 기억하지 못한다. 액슬과 비어트리스만이 아
니다. 마을 사람들도, 옆 마을 색슨 족 이웃들도 망각의 늪
에 빠진 삶을 살고 있다. 아니, 색슨 족과 브리튼 족 모두 과
거를 기억할 수 없기에 더 이상 복수도 학살도 불가능한 것
이다. 망각을 통해 학살의 과거를 잊게 하려던 아서 왕의 계
획은 성공한 것일까?

젊은 시절 아서 왕을 위해 싸우던 액슬. 더 이상 과거를
기억할 수는 없지만 무언가 하나만은 기억할 수 있었다. 바
로 액슬과 비어트리스의 아들이 어디선가 그들을 기다리
고 있다는 사실 말이다. 사랑하는 아들을 찾기 위해 노부부
는 길을 떠난다. 용을 죽이려는 색슨 족 전사 위스턴과 용을

지키려는 브리튼 족의 가웨인 경. 그들을 만난 노부부는 서서히 진실을 알게 된다. "한 시간 전 일인데도 마치 오래된 과거의 어느 날 아침 일처럼 쉽게 잊어버리게 만드는 이 안개"에 대해서 말이다.

과거를 기억하지 못하는 자신들의 인생은, 바로 추한 과거가 더 추한 미래의 씨앗이 되지 못하도록 계획된 결과임을 액슬과 비어트리스는 깨닫는다. 하지만 과거를 기억하지 못하는 인생이 무슨 의미가 있을까? 사랑도 미움도 기억하지 못한다면, 더 이상 미움도 사랑도 무의미하다.

> "액슬과 저는 함께했던 행복한 순간들을 되찾고 싶어요. 그런 순간들을 빼앗긴다는 건 밤중에 도둑이 들어와 가장 소중한 걸 빼앗아 간 것과 같아요."
> "하지만 안개는 좋은 기억뿐만 아니라 나쁜 기억까지 모두 덮고 있어요. 그렇지 않겠어요, 부인?"
> "우리에게 나쁜 기억도 되살아나겠지요. 그 기억 때문에 눈물을 흘리거나 분노로 몸을 떨기도 할 거고요. 그래도 그건 우리가 함께했던 삶 때문에 그런 거잖아요?"
> "그럼, 나쁜 기억이 두렵지 않은가요, 부인?"
> (……)
> "액슬과 전 우리의 삶이 어떤 모습이었더라도 함께 기억할 거예요. 그건 우리에게 소중한 거니까요."
> —가즈오 이시구로, 『파묻힌 거인』에서

용이 더 이상 망각의 안개를 뿜어내지 않는 순간 또다시 브리튼 족과 색슨 족 간의 전쟁과 학살이 시작될 거라는 가웨인 경의 예언을 무시하고 노부부는 위스턴을 돕는다. 그리하여 용은 죽고 망각의 안개는 사라지기 시작한다.

그리고 노부부는 드디어 기억한다. 사랑하는 아들은 이미 먼 옛날 죽었다고. 그리고 노부부는 두려워하기 시작한다. 이제 다시 피비린내 나는 역사가 반복될 것이라고.

위안부 문제는 용서해야 할까

과거의 죄는 용서해야 할까? 동아시아의 미래를 위해 위안부들의 기억은 이제 잊혀야 할까? 역사 깊은 곳에 파묻혀 있는 전쟁과 복수의 거인을 다시 파내는 것은 현명한 일일까?

"잘못된 일이 사람들에게 그냥 잊힌 채 벌 받지 않기를 바라는 신은 어떤 신인가요?"
"좋은 질문이오, 위스턴 씨. 그날 우리가 한 일에 대해 나의 신도 불편한 마음으로 지켜보았다는 걸 알고 있소. 하지만 오래된 과거이고, 이제는 죽은 뼈들도 기분 좋은 푸른 풀밭 카펫 아래 편히 쉬고 있다오. 젊은 사람들은 그 뼈들에 대해 아무것도 몰라요. 부탁하건대 이 땅을 떠나요. 케리그가 조금만 더 자기 일을 할 수 있게 해 줘요. 한두 계절일 거요. 기껏해야 그 정도밖에 살지 못해요. 하지만 오래된 상처들이 영구히 치유되고 우리에게 영원한 평화가 정착되기에 그 정도 시간이면 충분할 거요. 이 용이 간신히 목숨 줄에 매달려 있는 걸 봐요! 자비를 베풀어 이 땅을 그냥 두고 떠나요. 이 땅이 망각 속에서 쉴 수 있게 해

쥐요."

"어리석은 소립니다. 구더기가 아직 많이 남아 있는데 어떻게 오래된 상처들이 나을 수 있겠습니까? 학살과 마법사의 술수 위에 세워진 평화가 영원히 유지될 수 있을까요?"

— 가즈오 이시구로, 『파묻힌 거인』에서

『남아 있는 나날』과 『위로받지 못한 사람들』로 국내에서도 큰 인기를 끌고 있는 일본 출신 영국 작가 가즈오 이시구로. 그가 십 년 만에 발표한 신작 『파묻힌 거인』이 던지는 질문들이다. 물론 중요한 질문들이다. 하지만 하필 일본 출신 작가가 제시한 과거에 대한 너그러움이 나의 마음을 불편하게 한다는 사실은 부정하기 어렵다.

가즈오 이시구로의 책

『나를 보내지 마』, 김남주 옮김, 민음사, 2009년.

『남아 있는 나날』, 송은경 옮김, 민음사, 2010년.

『우리가 고아였을 때』, 김남주 옮김, 민음사, 2015년.

『위로받지 못한 사람들』 1, 2, 김석희 옮김, 민음사, 2011년.

『파묻힌 거인』, 하윤숙 옮김, 시공사, 2015년.

"함께 나눈 과거를 기억하지 못한다면
당신과 당신 남편은 서로를 향한 사랑을
어떻게 증명해 보일 거예요?"

가즈오 이시구로,
『파묻힌 거인』에서

위안부 피해자분들의 사진

과거의 죄는 용서해야 할까?
동아시아의 미래를 위해
위안부들의 기억은
이제 잊혀야 할까?

20

척박한 삶의
조건이

무르익는 어떻않

북핵 위험, 중국의 헤게모니, 그리고 또다시
추한 모습으로 부활하는 일본의 틈바구니에서
살아남아야 하는 우리에게 가트 교수의
『문명과 전쟁』보다 더 중요한 책은 없을 듯하다.

전쟁이란 무엇인가

전쟁은 잔인하다. 아직 아름다운 여자와의 입맞춤을 경험하지 못한 청년의 미래를 빼앗아 가고, 가족과 고향을 그리워하는 아버지의 희망을 짓밟고, 그리운 남편과 아들의 얼굴을 영원히 추억으로만 그리게 한다. 어디 그뿐일까? 전쟁은 문명과 문화를 파괴하고, 인간을 다시 동물로 만든다. 어제까지 책상에 앉아 서류와 씨름하던 평범한 회사원이 학살을 자행하게 하고 죽은 자의 시체에 오줌을 누게 하니 말이다.

개인과 국가의 불행인 전쟁. 인류는 왜 여전히 천문학적인 비용과 에너지를 전쟁에 투자하고 있는 것일까? 텔아비브대학교 역사학자이자 정치학자인 아자 가트(Azar Gat) 교수는 『문명과 전쟁(War in Human Civilization)』에서 질문한다. 인간은 왜 전쟁을 할까?

손무의 『손자병법』, 투키디데스의 『펠로폰네소스 전쟁사』, 카이사르의 『갈리아 전쟁기』, 마키아벨리의 『정략론』,

클라우제비츠의 『전쟁론』…… 전쟁과 관련한 책은 수도 없이 많다. 하지만 가트 교수의 책은 다르다. 역사학, 정치학, 군사학, 심리학, 뇌과학, 사회학, 철학, 인류학, 고고학. 인류가 알고 있는 모든 도구를 총동원해 '전쟁'이라는 미스터리를 800장이 넘는 책을 통해 풀어 나간다.

한 사람이 어떻게 이 많은 것들을 알 수 있을까? 강의하고 연구하는 대학교수로서, 그리고 이스라엘 정부의 국가안보 자문위원으로서 어떻게 구 년 동안 단 한 권의 책에 집중해 집필할 수 있었던 것일까? 읽다 보면 저자의 방대한 지식에 경악하고, 또 시시한 신문 칼럼이나 쓰고 있는 나 자신을 부끄러워지게 만드는 책이다.

위대함의 조건

물론 '이스라엘'이라는 세계적으로 매우 특수한 상황이 가트 교수의 책을 가능하게 했는지도 모른다. 여섯 살 되던 해에 경험한 주변 아랍 국가들과의 '6일 전쟁'을 시작으로 평생 전쟁과 함께 살았다 해도 과장이 아닐 테니 말이다. 비슷하게 『사피엔스』로 전 세계적 센세이션을 일으킨 예루살렘히브리대학교의 유발 하라리(Yuval Harari) 교수 역시 이미 『중세기 시대의 특수부대(Special Operations in the Age of Chivalry)』라는 책으로 유명해진 바 있다.

하라리와 가트. 이들은 역사학자이자 대학교수이기 전에 이스라엘 국민이고 특수부대 출신이라는 공통점이 있다. '전쟁'은 그들에게 추상적인 개념이 아니라 실질적 삶

과 죽음을 좌우하는 'conditio humana', 즉 인간의 조건이
다. 이들의 책에 비하면 스탠퍼드대학교의 역사학자 이언
모리스 교수의 『전쟁의 역설』은 솔직히 어린아이 같은 장
난 글 수준이다. 평화롭고 푸른 들판으로 가득한 영국 케임
브리지대학교를 졸업하고, 그보다 더 평온하고 풍요로운
캘리포니아 팰로앨토에 살고 있는 모리스 교수에게 '전쟁'
이란 도대체 무슨 의미일까? 그에게 우리가 무엇을 기대할
수 있을까?

　북핵 위험, 중국의 헤게모니, 그리고 또다시 추한 모습
으로 부활하는 일본의 틈바구니에서 살아남아야 하는 우리
에게 가트 교수의 『문명과 전쟁』보다 더 중요한 책은 없을
듯하다. 국회의원, 국방부 장관, 청와대 보좌관, 기자, 교수,
장군, 국정원 직원들에게 이 책을 한 권씩 사 주고 강제로라
도 읽기를 권하고 싶을 정도다.

아자 가트 교수의 책
『War in Human Civilization』(Oxford University Press; 1 edition,
2008, 국내 미출간).
『Fascist and Liberal Visions of War: Fuller, Liddell Hart, Douhet,
and Other Modernists』(Clarendon Press; 1 edition, 1998년, 국내 미
출간)
『A History of Military Thought: From the Enlightenment to the
Cold War』(Oxford University Press; 1 edition, 2002년, 국내 미출간).

뛰어난 전쟁 서적을 쓴 유발 하라리와
아자 가트. 이들은 역사학자이자
대학 교수이기 전에 이스라엘 국민이고
특수부대 출신이라는 공통점이 있다.
'전쟁'은 그들에게 추상적인 개념이 아니라
실질적 삶과 죽음을 좌우하는
'인간의 조건'이다.

21

돈에 관한
'불편한'
사실을

직시한다

인간의 노력과 호기심만으로 문명이 만들어진 것이
아니라는 것을 괴츠먼 교수의 책은 수많은
기록과 데이터를 통해 설득력 있게 보여 준다.
돈은 사회와 문명을 파괴할 수도 있지만,
처음부터 문명과 사회를 가능하게 했던
그 자체 역시 돈이었다는 '불편한' 사실을.

돈, 모든 문제의 근본 원인

이번 주 신문을 다시 한번 읽어 보자. 정치인, 기업인의 비리. 가족 간의 싸움. 국가적 갈등. 그리고 전쟁과 피란민. 대부분의 사건들 사이엔 신기하게도 하나의 공통점이 있다. 바로 문제의 근본 원인이 '돈'이라는 단순한 사실이다.

돈을 위해 형제는 싸우고, 검사는 눈감아 준다. 나의 돈과 재산이 위협받는다는 주장 아래 트럼프 대통령은 미국과 멕시코 사이에 벽을 쌓으려 하고, 영국은 유럽연맹에서 탈퇴했다. 어디 그뿐이랴. 1930년대 세계 대공황은 수백만의 삶을 파괴시켰고, 결국 2차 세계대전이라는 비극의 원인이 되었다.

1997년 IMF 사태는 대한민국 중산층을 무너트렸고, 2007년 리먼브라더스 사의 파산으로 시작된 서브프라임 모기지 사태는 여전히 세계 실물경제와 금융시장을 위협하고 있다.

돈! 돈! 돈! 그놈의 돈만 없다면 세상은 더 행복하고 편해지지 않을까? 물론 아니다. 돈이 없었다면 오늘날 문명도 기술도 평화도 사실 불가능했을 것이다.

문명과 사회를 가능하게 만든 것

미국 예일대학교 경영학과의 윌리엄 괴츠먼 교수는 매우 특이한 이력을 가졌다. 세계 최고의 금융 전문가일 뿐만 아니라 고고학자이기도 하니 말이다. 젊었을 때 메소포타미아 발굴 프로젝트에 참여하기도 했고, 쐐기문자로 작성된 아카드어 전문가이기도 하다. 금융 전문가이면서 동시에 쐐기문자 전문가가 탄생하고 성공할 수 있는 교육 시스템이라니, 정말 부럽기만 하다.

괴츠먼 교수의 신간 『모든 것을 바꾸는 돈(Money Changes everything)』은 메소포타미아와 고대 중국에서 시작된 금융 혁신을 소개한다. 돈은 왜 생겼을까? 언제부터 이자와 대출이 탄생했을까? 투자와 주식시장은 왜 만들어진 걸까?

인간의 노력과 호기심만으로 문명이 만들어진 것이 아니라는 것을 괴츠먼 교수의 책은 수많은 기록과 데이터를 통해 설득력 있게 보여 준다. 돈은 사회와 문명을 파괴할 수도 있지만, 처음부터 문명과 사회를 가능하게 했던 그 자체 역시 돈이었다는 '불편한' 사실을.

윌리엄 괴츠먼 교수의 책

『모든 것을 바꾸는 돈』, Princeton University Press, 2016년, 국내 미출간.

로마 시대에 숨겨 놓은 동전들

MONEY CHANGES EVERYTHING

HOW FINANCE MADE CIVILIZATION POSSIBLE

WILLIAM N. GOETZMANN

세계 최고의 금융 전문가이자 고고학자이기도 한
윌리엄 괴츠먼 교수는 말한다. 처음부터 문명과 사회를
가능하게 했던 그 자체 역시 돈이었다는 '불편한' 사실을.

5부
답이 아니라
진실을 찾아라

22

제한된 정보의

어두운 웹사을 즐겨라

호메로스의 소재는 전설적인 테두리에 머물러 있다.
이에 대하여 『구약성서』의 소재는 이야기가
진행됨에 따라서 점점 더 역사 쪽으로 접근해 간다.

에리히 아우어바흐,
『미메시스』에서

가상현실로서의 미메시스

미메시스는 '모방하다' 또는 '흉내 내다'라는 고대 그리스 단어다. 하지만 '미메시스'란 단순한 모방을 넘어 자연을 모방하는 예술적 행위로 더 유명하다. 특히 플라톤의 해석은 인상적이다.

『국가(The Republic)』에서 플라톤은 질문한다. 우리는 어떻게 다양한 침대들을 모두 '침대'라고 인식할 수 있을까? 플라톤에 따르면 우리가 인식할 수 있는 물체와 개념은 '이데아' 세상에 있는 완벽한 존재들의 그림자일 뿐이다.

모든 침대들은 어차피 이데아 세상에 존재하는 완벽한 침대의 투사적 존재이기에, 그것들의 동일함을 인식할 수 있다. 이데아라는 세상에 이미 존재하기에 우리는 상상할 수 있고, 따라서 상상한 침대를 만들어 내는 목수는 완벽한 침대를 모방할 뿐이다.

그렇다면 이미 모방된 침대를 또다시 그림으로 그리고 시(詩)로 표현하는 예술가는 모방의 모방을 만들어 내는 것

241

이다. 진실은 원본에 있고 모방은 왜곡이라면, 모방을 모방하는 예술은 진실을 두 번 왜곡하게 되는 것이다.

이렇게 예술은 반복된 왜곡이라는 플라톤의 주장에도 불구하고, 문명의 역사는 언제나 예술의 역사다. 그림, 조각, 건축, 시, 소설을 통해 우리는 더 뛰어난 표현을 찾으려고 노력한다. 독일 출신 문헌학자이자 비평가였던 에리히 아우어바흐(Erich Auerbach)는 그의 대표작 『미메시스』에서 서양 문학이 시도한 문학적 미메시스를 크게 두 가지 전통을 통해 해석한다.

우선 호메로스의 『오디세우스』다. 이십 년 동안 떠돌아다니다 거지 모습으로 고향 이타카에 돌아온 오디세우스. 다리에 남아 있는 흉터를 발견한 유모 에우리클레아(Euryclea)는 그 거지가 바로 자신이 키웠던 이타카의 왕 오디세우스라는 사실을 깨닫게 된다.

호메로스는 질문과 궁금증을 허용하지 않는다. 에우리클레아가 어떻게 오디세우스의 흉터를 보게 되었는지, 수십 년 전 어린 오디세우스는 어떤 사고를 통해 흉터를 가지게 되었는지, 더 먼 과거에 에우리클레아는 무슨 이유로 이타카 왕가의 하녀가 되었는지, 호메로스는 우리에게 그 모든 사실을 알려 준다.

> 오디세우스의 신분을 알아보는 극적인 순간에 있어서조차 호메로스는 오디세우스가 말을 하지 못하도록 노파의 후두를 잡은 것은 오른손으로 그랬으며 한편 왼손으로 그녀를 바싹 자기에게 당겼다는 것을 빼놓지 않고 독자들에게 들려준다. 사람들도 사물도 윤곽이 또렷하고 한결같이 밝게 조명이 되어 있고 모든 것이 눈에 선하게 눈길을 끈

다. 관여 인물들의 생각이나 감정도 이 못지않게 뚜렷하고 열띤 상태에서조차 정연하고 철저하게 표현되어 있다.

—에리히 아우어바흐, 『미메시스』에서

호메로스에게 미메시스란 과거, 현재, 미래가 지금 이 순간 벌어지고 있다는 착시를 심어 주는 속임수다. 호메로스의 미메시스는 언제나 가상현실(virtual reality)이라는 말이다.

흔히 호메로스는 거짓말쟁이라는 비난은 그의 설득력을 감소시키지 않는다. 호메로스는 자신의 이야기 바탕을 역사적 사실에 두어야 할 필요가 없다. 그가 그리는 현실은 그 자체로서 강력하기 때문이다. 그의 현실은 우리를 유혹하고 우리 둘레에 그 거미줄을 친다. 그리고 호메로스에겐 그것으로 충분하다. 그리고 우리가 유혹되어 간 이 '현실' 세계는 스스로 존재하며 자신 이외에는 아무것도 포함하고 있지 않다. 호메로스의 시는 아무것도 숨기지 않으며 어떠한 교훈도 또 은밀한 제2의 의미도 가지고 있지 않다.

—에리히 아우어바흐, 『미메시스』에서

진실을 보여 주는 미메시스

하지만 아우어바흐는 현실이 아닌 '진실'을 보여 주는 미메시스 역시 존재한다고 주장한다. 바로 『구약성서』의 미메시스다. 창세기에 소개되는 아브라함과 이삭을 기억해 보자. 하나님의 명령에 따라 아브라함은 독자 이삭을 제물로 바치기 위해 모리아 산으로 향한다. 하지만 하나님이 어디에 나타나셨는지, 아브라함은 어떻게 하나님의 말씀을 듣게 되었는지, 모리아 산은 어디에 있는지, 도대체 무슨 이유로 하나님은 이삭의 희생을 명령했는지 우리는 아무것도 모른다. "『구약성서』의 이야기 속에서도 사람들은 대화를 한다. 그러나 그들의 대화는 호메로스의 작품 속에서처럼 생각을 분명하게 밝히고 구체화하는 데 기여하지 않는다. 도리어 표현되지 않은 생각을 암시하는 것이다."

이런 일이 있은 지 얼마 뒤에, 하나님이 아브라함을 시험해 보시려고, 그를 부르셨다. "아브라함아!" 하고 부르시니, 아브라함은 "예, 여기에 있습니다." 하고 대답하였다.
하나님이 말씀하셨다. "너의 아들, 네가 사랑하는 외아들 이삭을 데리고 모리아 땅으로 가거라. 내가 너에게 일러주는 산에서 그를 번제물로 바쳐라."
아브라함이 다음 날 아침에 일찍이 일어나서, 나귀의 등에 안장을 얹었다. 그는 두 종과 아들 이삭에게도 길을 떠날 준비를 시켰다. 번제에 쓸 장작을 다 쪼개어 가지고서, 그는 하나님이 그에게 말씀하신 그곳으로 길을 떠났다.
사흘 만에 아브라함은 고개를 들어서, 멀리 그곳을 바라볼 수 있었다.

—「창세기」 22장 1-4절

하지만 아무것도 모르기에, 우리가 알 수 있는 나머지 모두는 오히려 더 깊은 의미를 가지고 있다. 호메로스는 수많은 디테일을 통해 존재하는 사실만을 표현하지만, 「창세기」에서의 미메시스는 깊은 해석을 통해 진실을 느끼게 한다. 현실과 진실의 차이.

> 아브라함의 영혼은 절망적인 반역과 희망에 찬 기대 사이에서 찢기고 있다. 그의 말없는 복종은 중층적이며 '배경'을 가지고 있다. 이처럼 문제가 많은 심리적 상황은 호메로스의 주인공들에게는 있을 수가 없다. 호메로스 주인공들의 운명은 분명하게 규정되어 있으며 그들은 매일 아침 그것이 마치 그들의 삶의 첫날인 것처럼 느끼며 잠에서 깨어난다. 그들의 감정은 강렬하나 단순하며 즉각 표현된다.
> ─에리히 아우어바흐, 『미메시스』에서

독일 문헌학의 최고 대가들에게 교육받고 독일 최고의 문학비평가로 활동하던 아우어바흐. 하지만 유대인이었던 그는 터키로 망명해야 했다. 자신의 문화적 고향 독일과는 너무나도 다른 이스탄불에서 아우어바흐는 진실과 현실을 보여 주는 걸작 『미메시스』를 1946년에 완성한다. 문학과 독서에 관심 있는 모든 독자들에게 『미메시스』를 꼭 권하고 싶다.

에리히 아우어바흐의 책
『미메시스』, 김우창, 유종호 옮김, 민음사, 2012년.
『단테』, 이종인 옮김, 연암서가, 2014년.

호메로스 서사시에서는 감각적 차원의
쾌락이 가장 중요한 것이고 그 쾌락을
우리에게 전달하는 것이 최고의 목적이다.

올리히 아우어바흐,
『미메시스에서』

성서 이야기의 목적은 감각을 매혹시키는
것이 아니다. (……) 그들의 종교적 의도는
이야기의 역사적 진실성을 절대적으로
요구한다.

에리히 아우어바흐,
『미메시스에서』

23

빨간색을
표현할

우표와
도화지 않는가

제임스 조이스는 가장 과격한 모더니즘의 징표를
모두 지니고 있었다. 지적으로 다재다능하고,
문학적 인유를 풍부하게 사용하며, 외국어에 통달해
있고, 곡예에 가까운 아찔한 상상력을 가지고 있으며,
수세기 동안 소설을 지배해 왔던 규범을 위반했다.
그는 이단 중의 이단아였다.

피터 게이,
『모더니즘』에서

말할 수 없는 것에 대해서는

만약 지금 내가 당신에게 빨간 사과 하나를 보여 주며 이게 무엇이냐고 물어본다면? 당연히 '빨간 사과'라고 대답할 것이다. 하지만 다시 한번 생각해 보자. 내 눈에 보이는 사과의 색깔은 절대로 완벽한 '빨강'이 아니다. 눈으로 인식하고 기억할 수 있는 진정한 사과의 색깔은 언제나 애매모호하다.

그러나 그 복잡한 색깔을 완벽히 표현할 수 있는 단어가 존재하지 않기에, 우리는 '빨강'이라는 표현을 쓰고 있을 뿐이다. 언어의 해상도는 인식의 해상도보다 낮다. 모든 표현은 결국 왜곡이라는 말이다.

예를 들어 김연아 선수에게 물어보자. 어떻게 그렇게 멋지게 피겨스케이팅을 할 수 있느냐고. 김연아 선수가 말로 어떤 설명을 할 수 있을까? 연습을 많이 했다고. 수만 번 넘어지고 쓰러졌다고?

물론 진실은 수천만 개에 달하는 김연아 선수의 팔과 다리의 힘줄에 있을 것이다. 하지만 그 힘줄들의 정교한 움직임과 타이밍은 그 누구도 말로 설명할 수 없다. 그러기에 철학자 루트비히 비트겐슈타인은 이렇게 주장하지 않았던가. "말할 수 없는 것에 대해서는 침묵을 지켜야 한다.(Wovon man nicht sprechen kann, darüber muss man schweigen.)" 우리는 서로의 생각을 직접 읽을 수 없다. 텔레파시는 불가능하기 때문이다. 그렇다면 어떻게 타인의 생각을 글과 말로 전달할 수 있을까?

어니스트 헤밍웨이의 『닉 애덤스 이야기』에는 의사 아빠를 도와주다 처음으로 출생과 죽음의 고통을 경험하는 어린 주인공이 등장한다. 아이는 다시 평화로운 집에 도착하며 생각한다. '나는 절대로 죽지 않겠다.' 하지만 잠깐! 우리는 정말 머릿속에서 '나는 죽지 않겠다.'라는 완벽한 문장으로 생각하는 것일까? 지금 내 머릿속에서 동시에 벌어지는 수많은 생각과 기억과 희망과 두려움. 지극히도 낮은 해상도의 글로 표현하기에는 너무나도 애매모호하고 복잡하지 않은가?

표현의 한계를 시험한 소설가

제임스 조이스의 대표작 『율리시스』는 주인공 레오폴드 블룸의 긴 하루 동안 벌어진 모든 생각과 느낌을 표현하려 노력한다. 동시 다발적으로 일어나는 수많은 일들을 단어와 단어 간의 나열로 표현하려 했던 것이다.

『율리시스』를 완성한 조이스는 바로 그다음 작품에 집

중한다. 잠이 들어 꿈에 빠진 자아의 밤을 이야기해 주는 『피네간의 경야』다. 『율리시스』는 어렵지만 이해하기 불가능하진 않다. 하지만 『피네간의 경야』는 다르다.

'평범한' 영어로 쓰인 『율리시스』와 달리 『피네간의 경야』는 '만국어'로 작성된 작품으로 유명하다. 문장 속 단어 하나하나를 다양하게 해석할 수 있기에, 모든 문장들 역시 다양한 해석이 가능하다. 『피네간의 경야』는 본질적으로 번역이 불가능한 책이다.

모든 번역판은 번역가 자신이 선택한 단 하나의 해석일 뿐이다. 그뿐만이 아니다. 조이스의 비서였던 소설가 사뮈엘 베케트에 따르면, 원고를 거의 완성한 조이스는 몇 주 동안 책의 마지막 단어를 고민했다고 한다.

표현의 한계를 시험하던 조이스의 최고 작품 『피네간의 경야』에 점을 찍을 마지막 단어. 얼마나 대단한 단어가 탄생한 것일까? 그런데 막상 대작가의 선택은 영어의 가장 기본인 'the'였다.

그리고 우리는 그 마지막 'the'를 시작으로 책을 다시 처음부터 읽을 수 있다. 마치 인생과 우주가 순환의 논리를 따르듯 『피네간의 경야』는 무한으로 반복하고 무한으로 다양하게 순환하는 책인 것이다.

제임스 조이스의 책

『젊은 예술가의 초상』, 이상옥 옮김, 민음사, 2001년.

『더블린 사람들』, 이종일 옮김, 민음사, 2012년.

『피네간의 경야』, 김종건 옮김, 고려대학교출판부, 2012년.

『율리시스』, 김종건 옮김, 어문학사, 2016년.

"『율리시스』는 현시대의 가장 중요한 표현물이다.
우리는 제임스 조이스의 책에 큰 신세를 졌으며
아무도 그 책을 피해 갈 수 없다."

T. S. 엘리엇

24

삶의
두려움을
전율로 바꿔라

그들은 베어울프가 지상에 있는
모든 왕 중에서 자신의 백성들에게
가장 친절하고 공평했으며,
명성을 얻기 위해 가장
열렬한 사람이었다고 말했다.

셰이머스 히니,
『베어울프』, 3180-3182행

영웅을 만들어 내는 시대

장대 같은 비가 내리는 장마철에도, 눈보라 치는 겨울에도 우리에게는 언제나 '집'이라는 안전한 '항구'가 있다. 아마도 대부분 높은 아파트에 살고 있을 2017년 대한민국 국민들. 집에 들어와 에어컨을 켜면 무더위는 사라지고, 난방을 올리면 집은 온실로 변한다.

언제나 뜨거운 물로 씻을 수 있고, 손바닥만 한 휴대폰으로 세상에서 일어나는 소식을 들을 수 있다. 오늘 퇴근해 내일 출근하는 세상. 반복이 반복되기에, 너무나도 예측 가능한 인생. 우리는 편안함을 위해 신비와 위대함을 희생한 것이다.

수백 년간의 팍스로마나(Pax Romana)가 무너지고, 북쪽 어두운 숲에 살던 게르만 민족들이 남쪽으로 이동하던 초기 중세. 5세기부터 프랑크왕국의 카롤루스 대제가 신성로마제국의 황제직을 수여받은 800년까지 서유럽은 끝없는 전쟁과 비극의 소용돌이였다.

평온의 시대는 변호사를 창출하고, 혼란의 시대는 영웅을 만들어 내는 것일까? 『니벨룽겐의 노래』, 『에다 이야기』, 『뵐숭 사가』, 그리고 『베어울프』. 초기 중세는 게르만 민족들의 위대한 영웅담을 만들어 낸다. 언제나 배가 고프고 추위에 떨던 세상.

끝없이 깊은 숲속에서 들리는 낯선 소리. 칠흑같이 어두운 밤하늘에 펼쳐지는 무한한 별하늘. 한 번 떠나면 다시는 볼 수 없는 사랑하는 사람들. 오늘 잠에 들면 내일 깨어날지 모르는 세상. 매일 하루가 모험이고, 오늘 하루를 살아남는 사람이야말로 진정한 영웅이던 시절.

3182줄로 구성된 『베어울프』는 가장 오래된 고대 영어 작품이자, 5세기부터 영국을 점령하기 시작한 앵글로색슨 민족의 가장 뛰어난 문학 작품이다. 필사본은 영국에서 만들어졌지만 『베어울프』의 배경은 스웨덴과 덴마크. 북유럽에서 온 앵글로색슨인들은 그들의 고향 이야기를 하고 있는 것이다.

책의 교훈보다는 피부로 느끼는 전율

베어울프는 누구인가? 그린델이라는 괴물에 시달리는 사람들. 영웅 베어울프는 괴물과 괴물의 어미를 죽이고 고향으로 돌아가 왕이 된다. 노년의 왕은 무시무시한 용과 전투를 벌이게 되고, 거대한 검으로 용을 제거하지만 자신도 역시 죽는다.

『반지의 제왕』과 「왕좌의 게임」에서 여러 번 들어 본 듯

한 이야기다. 물론 베어울프가 원작이고 「왕좌의 게임」과 『반지의 제왕』은 짝퉁이다. 또한 『베어울프』는 원작에 그치는 것이 아니라 진정한 명품이기도 하다. 어둡고 무서운 세상에서 서로를 감싸고 베어울프의 영웅담을 들었을 앵글로색슨 사람들. 그들의 두려움, 그리고 자신들은 절대 경험할 수 없는 세상의 신비로움을 너무나도 잘 표현하기에 『베어울프』는 위대한 것이다.

내용보다는 색깔, 결론보다는 소리, 책의 교훈보다는 피부로 느끼는 전율이 더 중요한 작품이기에, 사실 번역이 불가능한 책이기도 하다. 이런 점에서 노벨문학상 수상자인 아일랜드 시인 셰이머스 히니(Seamus Heaney)가 2001년 현대 영어로 번역한 『베어울프』는 원작의 분위기와 느낌을 가장 잘 살린 작품으로 인정받고 있다. 하늘이 다시 어두워지고 천둥 번개가 치는 장마철 밤. 히니의 『베어울프』를 추천하고 싶다.

셰이머스 히니의 책
『셰이머스 히니 시전집』, 김정환 옮김, 문학동네, 2011년.
『한 자연주의자의 죽음』, 이정기 옮김, 나라원, 1995년.
『베어울프(Beowulf: A New Verse Translation)』, 민음사, 출간 예정.

그는 다시는 빛을 내고 활공하며 자정의
공중에서 자신의 모습을 드러내지 못할 것이
다. 자신의 부를 과시하다가, 베어울프의
팔이 지닌 전투력에 의해 그는 땅에
곤두박질쳤다.

세이머스 히니,
『베어울프』,
2832-2835행

25

무의미한 기다림의

위대함 읽기

베케트가 사르트르에게서라기보다
쇼펜하우어에게서, 그리고 경험을 통해
알게 된 것은 인생이란 태어날 때부터
재앙이며 인간의 조건에서 고립은 필수적이며
구원이란 설사 약속되어 있다고 해도
절대 오지 않는다는 것이다. 마찬가지로
자기 인식도 결코 오지 않는다.

피터 게이, 『모더니즘』에서

일론 머스크, 부조리극을 이해하다

130년 된 자동차 산업을 본질적으로 혁신하겠다는 테슬라 자동차, 화성 식민지를 만들기 위해 우주선을 개발 중인 스페이스X, 그리고 웬만한 항공기보다 더 빠른 기차를 개발하겠다는 하이퍼루프. 이 세 회사에는 하나의 공통점이 있다. 바로 모두 창업자인 일론 머스크가 구상한 아이디어를 기반으로 한다는 점이다.

그런 그가 트위터에 재미있는 내용을 하나 올린 적이 있다. 우주선 이야기도 인공지능 이야기도 아니었다. 드디어 『고도를 기다리며』에 나오는 부조리의 유머를 이해하기 시작했다는 내용이다.

인생에 새로운 목표가 일단 생기면, 마치 배고픈 맹수같이 그걸 성공시킬 때까지 일을 절대 놓지 않는다는 머스크. 왜 그가 인생엔 결국 목표도 의미도 존재하지 않는다는 1950년대식 실존주의 책에 열광하는 것일까?

한 그루의 나무 옆에서 기다리는 블라디미르와 에스트

라공. 그들은 무엇을 기다리는가? 아니, 왜 무엇을 기다리는가? 무엇을 기다리는지 스스로도 모르기에, 기다림 그 자체가 이들의 존재 이유이자 정당화가 된다. 아일랜드 출신이자 노벨문학상 수상자인 사뮈엘 베케트의 대표작 『고도를 기다리며』의 내용이다.

> 에스트라공: 그만 가자.
> 블라디미르: 가면 안 되지.
> 에스트라공: 왜?
> 블라디미르: 고도를 기다려야지.
> 에스트라공: 참 그렇지.
>
> ─사뮈엘 베케트, 『고도를 기다리며』에서

우리는 모두 나만의 고도를 기다린다

베케트는 젊은 시절, 역시 아일랜드 출신 작가인 제임스 조이스의 비서로 일하기도 했다. 조이스의 마지막 작품인 『피네간의 경야』의 집필 과정을 곁에서 지켜본 베케트.

원고를 거의 완성한 제임스 조이스는 소설을 마무리할 멋진 마지막 단어를 찾고 있었다. 20세기 최고의 언어 마법사로 불리던 제임스 조이스. 그의 마지막 작품의 마지막 단어! 베케트는 기다린다. 마치 에스트라공과 블라디미르가 의미 없는 인생에 드디어 의미와 행복과 깨달음을 가져다줄지도 모르는 '고도'를 기다리듯, 베케트는 조이스의 마지막 단어를 기다렸는지도 모른다.

하지만 조이스가 찾은 단어는 뜻밖이었다. 영어에서 가장 단순하고 보편적인 'the.' 『피네간의 경야』는 'the'라는 무의미한 단어로 끝난다. 하지만 그 무의미한 단어는 책을 다시 처음부터 읽을 수 있게 해 준다.

같은 책을 다시 한 번 읽지만, 이미 한 번 읽은 책이기에, 책을 읽는 자는 더 이상 같은 사람이 아니다. 강도 사람도 항상 변하고 있기에, 같은 강에 두 번 들어갈 수 없다던 헤라클레이토스의 주장같이, 『피네간의 경야』는 영원히 반복해서 읽을 수 있으면서도 똑같이 두 번은 읽을 수 없는 책이다.

결국 우리 모두가 기다리는 우리만의 '고도' 역시 이런 무한의 반복을 가능케 하는 무의미한 기다림일 수 있다. 하지만 기다림이 무의미하다는 사실을 잘 알면서도 기다리고 있는 우리. 이것이야말로 인간이라는 존재의 영원한 조건이자 인류의 위대함인지도 모른다.

블라디미르: 그럼 갈까?
에스트라공: 가자.
(둘은 그러나 움직이지 않는다.)

—사뮈엘 베케트, 『고도를 기다리며』에서

사뮈엘 베케트의 책
『고도를 기다리며』, 오증자 옮김, 민음사, 2000년.
『몰로이』, 김경의 옮김, 문학과지성사, 2008년.
『오, 행복한 날들』, 김동룡 옮김, 세계사, 1991년.
『프루스트』, 유예진 옮김, 워크룸프레스, 2016년.
『이름 붙일 수 없는 자』, 전승화 옮김, 워크룸프레스, 2016년.

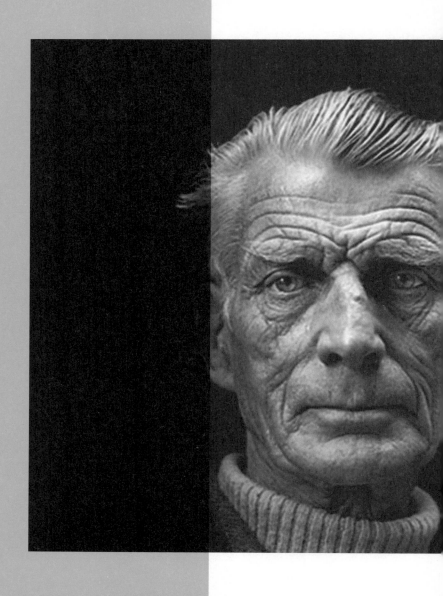

"인간은 무슨 일을 하든 반드시
실패할 수밖에 없으므로 인간이
의지할 수 있는 것은, 설사
다음번에는 좀 더 나아진다고 해도,
다시 실패하는 것뿐이다."

사뮈엘 베케트

"이 세상의 눈물의 양엔 변함이 없지.
어디선가 누가 눈물을 흘리기 시작하면
한쪽에선 눈물을 거두는 사람이
있으니 말이오. 웃음도 마찬가지요."

사뮈엘 베케트,
『고도를 기다리며』에서

26

진짜
나의 모습은

무엇인가

"내보내야 해요." 누이동생이 소리쳤다.
"그게 유일한 방법이에요, 아버지. 이게 오빠라는
생각을 버리셔야 해요. 우리가 이렇게 오래 그렇게 믿었다
는 것, 그것이야말로 우리의 진짜 불행이에요."

프란츠 카프카,
『변신』에서

어제의 나와 오늘의 나는 동일한가

가끔 이른 아침 눈을 뜨며 우리는 걱정과 근심에 빠지곤 한다. 나는 정말 제대로 살고 있는 걸까? 내가 하는 일이 진심으로 내가 원했던 것일까? 나를 믿고 바라보는 이들의 기대만큼 과연 내가 믿고 신뢰할 만한 사람일까?

하지만 이 수많은 의문들에도 불구하고 우리에겐 하나의 희망이 있다. 바로 나는 언제나 '나'라는 믿음이다. 오늘 아침 이 질문을 하고 있는 '나'는 어제 바로 이 장소에 잠든 내가 아니던가?

제임스 조이스의 『율리시스』 마지막 장면에서 레오폴드 블룸의 아내는 막 사랑하기 시작하던 먼 옛날 자신들의 모습을 기억하면서 잠에 든다. 아름다운 과거를 회상하던 그녀와 역시 변하지 않은 갑갑한 현실을 경험하게 될 다음 날 아침의 그녀. 이 둘은 당연히 동일한 인물이지 않을까?

인간의 몸은 수십조의 세포들로 구성되어 있다. 그런데 세포들은 주기적으로 만들어지고, 분열하고, 죽는다. 허파

279

세포는 이삼 주마다, 간 세포는 다섯 달에 한 번씩 만들어
진다. 창자 세포들이 교환되는 데는 이삼 일이 걸리고, 피부
세포들은 시간당 삼사만 개씩 죽어 매년 3.6킬로그램이나
되는 세포들이 몸에서 떨어져 나간다.

　창문을 열어 놓지 않았는데도 바닥에 하얗게 쌓인 '먼
지' 대부분이 바로 얼마 전까지 '영원히' 대리석 같은 피부
로 만들기 위해 씻고 바르고 마사지해 주었던 우리 자신의
한 부분이었던 것이다. 매일 아침마다 일어나며 '변치 않는
나'를 확인하는 우리는 어제 잠든 '나'와는 이미 다른 사람
이라는 것이다.

카프카의 변신이 보여 주는 진실

　너무나도 유명한 카프카의 소설 『변신』을 보자. 부모님과
사랑하는 여동생을 위해 영업 사원으로 열심히 일하는 그레
고르 잠자. 악몽을 꾸다 깨어난 그레고르 잠자는 침대 위에
서 괴물같이 커다란 벌레로 변해 버린 자신을 발견한다.

　그레고르 잠자는 어느 날 아침 불안한 꿈에서 깨어났을
때, 자신이 잠자리 속에서 한 마리 흉측한 해충으로 변해
있음을 발견했다. 그는 장갑차처럼 딱딱한 등을 대고 벌렁
누워 있었는데, 고개를 약간 들자, 활 모양의 각질(角質)로
나뉜 불룩한 갈색 배가 보였고, 그 위에 이불이 금방 미끄
러져 떨어질 듯 간신히 걸려 있었다. 그의 다른 부분의 크
기와 비교해 볼 때 형편없이 가느다란 여러 개의 다리가

눈앞에 맥없이 허우적거리고 있었다.

— 프란츠 카프카, 『변신』에서

왜 그런 일이 벌어졌는지, 어떻게 평범한 청년이 이렇게
도 변할 수 있는지, 카프카는 우리에게 설명하지 않는다. 그
대신 우리는 다른 한 가지를 알게 된다. 바로 그레고르의 변
신은 그의 가족의 변신을 불러온다는 사실이다!

처음 두 주일 동안에 그의 부모는 그에게로 들어올 엄두조
차 못 내었고 누이가 지금 하는 일을 전적으로 인정해 주
는 소리를 그는 자주 들었다. 그전까지는 누이가 별 쓸모
없는 계집아이로 보였었기 때문에 누이에 대해 화를 내는
일이 잦았는데, 이제 아버지와 어머니 두 분이 자주 누이
동생이 방을 치우는 동안 그레고르의 방 앞에서 기다렸고,
누이는 방을 나오는 대로 곧장 방이 어떠했는지, 그레고
르가 무엇을 먹었는지, 이번에는 그가 어떻게 처신을 했는
지, 그리고 혹시 조금이라도 나아진 점이 보이는지 어떤지
를 아주 자세하게 이야기해 주어야 했다.

— 프란츠 카프카, 『변신』에서

충격과 걱정은 서서히 역겨움과 귀찮음으로 바뀌어 가
고, 얼마 전까지 집안의 희망이자 미래였던 '저것을' 없애
버리자는 첫말이 그토록 사랑스러웠던 여동생의 입에서 나
온다.

"이렇게 계속 지낼 수는 없어요. (……) 저는 이 괴물 앞에
서 내 오빠의 이름을 입 밖에 내지 않겠어요. 그냥 우리는

저것에서 벗어나도록 애써 봐야 한다는 것만 말하겠어요. 우리는 저것을 돌보고, 참아내기 위해 사람으로서 할 도리는 다해 봤어요, 그 누구도 우리를 눈곱만큼이라도 비난하지는 못할 거라고 생각해요."

—프란츠 카프카, 『변신』에서

유대인 카프카가 숨진 지 십 년 후. 옆 집 의사, 친구, 스승이던 독일 유대인들은 단지 다르다는 이유 하나로 직장과 집에서 쫓겨나기 시작한다. 그리고 다시 십 년 후. 이제는 더 이상 인간이 아닌 '역겨운 벌레'가 되어 버린 '그것들'은 살충제에 의해 학살당한다.

"혹시 저 애가 우리 말을 알아듣기라도 한다면." 하고 아버지가 반은 물으며 말하자, 누이동생은 울다 말고 그런 것은 생각조차 할 수 없다는 표시로 격하게 손을 내저었다.
"만일 저 애가 우리 말을 알아듣기라도 한다면." 하고 아버지가 되풀이했지만, 눈을 감음으로써 그것이 불가능하다는 누이동생의 확신을 받아들였다.

—프란츠 카프카, 『변신』에서

282

우리 모두의 영원한 변신. 그리고 언제라도 우리와는 다르다는 이유 하나만으로 학살과 폭행과 차별을 저지르는 또 하나의 우리 모습을, 카프카의 변신이 보여 주고 있는 것이다.

프란츠 카프카의 책

『변신. 시골의사』, 전영애 옮김, 민음사, 1998년.

『소송』, 권혁준 옮김, 문학동네, 2010년.

『성』, 권혁준 옮김, 창비, 2015년.

『아메리카』, 곽복록 옮김, 신원문화사, 2006년

『꿈』, 배수아 옮김, 워크룸프레스, 2014년.

"아무도 나에게 규칙을
말해 주지 않았다."

프란츠 카프카

언제라도 우리와는 다르다는
이유 하나만으로 학살과 폭행과
차별을 저지르는 또 하나의
우리 모습을, 카프카의 변신이
보여 주고 있는 것이다.

27

지적인
호기심보다

더 중요한 것이 있다

애써 태연한 척 말했지만 충격을 누그러뜨리려고
몇 분 전에 그들에게 혹독하게 이야기한 것이 너무도
후회가 됐다. 희망과 현실 사이에서 균형을 찾는 데
실패한 것이다. 조그만 방을 나와 어두운 병원 복도를
걸어가며 다시 한 번, 인간은 어째서 삶에 그토록 간절히
매달리는지 의문이 들었다. 그러지 않으면 훨씬 덜
고통스러울 텐데, 희망 없는 삶은 가뭇없이 힘든 법이지만
생애 끝에서는 희망이 너무도 쉽게 우리 모두를
바보로 만들 수 있는데.

해리 머시,
『참 괜찮은 죽음』에서

지상의 신

내 배를 날카로운 칼로 자르고 내장과 신장을 손으로 만진다. 톱으로 두개골을 열고 뇌를 파헤친다. 빨간 장미를 빨간 장미로 보게 하고, 나의 기억, 감정, 자아, 나의 모든 것의 본질인 뇌를 도려낸다. 싸구려 할리우드 호러 영화의 한 장면이 아니다. 매일 이 세상 모든 수술실에서 일어나고 있는 일들이다.

의사란 어떤 사람들일까? 평생 안 봐도 된다면 가장 좋겠지만, 봐야 한다면 우리의 모든 것을 맡길 수밖에 없는 의사들. 하얀 가운을 입은 지상의 신들. 다 큰 나를 다시 어린아이로 만들어 버리는 그들. 강하고 냉정하기 짝이 없던 악덕 정치가의 눈에 눈물을 흘리게 하고, 언젠간 상처와 병으로 죽어 갈 우리에게 마지막 희망이 될 의사들. 그들은 과연 무엇을 두려워하고, 무엇을 위해 사는가?

헨리 마시(Henry Marsh)는 영국 최고의 신경외과 의사 중 한 명이다. 엘리자베스 2세 여왕에게 '대영제국 훈작사

291

(勳爵士, Commander of the British Empire, CBE)' 작위를 수여받았고, 2004년 영국 텔레비전 부문 최고 방송상을 탄 BBC 다큐멘터리 「그들의 손 안에 너의 목숨」의 주인공이기도 하다. 바로 이 유명한 의사의 책 『참 괜찮은 죽음(Do no harm)』의 첫 문장은 "나는 자주 뇌를 잘라야만 한다. 정말 하기 싫은 짓이다."로 시작한다.

"아무것도 하지 않기를"

수많은 예능 프로그램에서 볼 수 있는 우리나라 의사들. 실력은 세계 최고 수준이겠지만 하찮은 농담과 '썰'을 풀어놓는 그들에게 나의 생명을 맡겨도 될지 고민하게 된다. 하지만 마시는 다르다. 뇌종양을 도려내기 위해 뇌를 파괴해야 하고, 잘못 건드린 미세 혈관 하나가 건장하던 남자를 평생 혼수상태에 빠지게 할 수 있는 뇌 수술. 마시는 본인의 실수와 경험에 솔직하다. 그가 자주 하는 강연의 제목이 「나의 가장 큰 실수들」이니 말이다.

지금은 실패를 덜 두려워한다. 실패를 인정하고 나서부터 실패의 위협을 덜 느끼게 되었기 때문이다. 이것은 과거에 저지른 실수에서 무언가를 배우고자 하면서 맞이하게 된 변화다. 이로써 감히 환자들과의 거리감도 조금은 줄일 수 있다고 말하고 싶다. 그뿐만 아니라 나이를 먹을수록 내가 환자들과 똑같은 살과 피로 만들어져 있으며 똑같이 나약하다는 사실을 더 이상 부인하지 않는다. 지금은 과거보다 환자들에게 더 깊은 연민을 느낀다. 나 역시 조만간 그들처럼 붐비는 병실 한편 어느 침대에 꼼짝없이 갇혀 내 목숨을 걱정할 것이기에.

— 헨리 마시, 『참 괜찮은 죽음』에서

환자와 가족에겐 생사가 걸린 일이겠지만, 도려내기 '어려운' 종양일수록 흥미진진해 하는 신경외과 의사들. 반면 마시는 '뇌'라는 신비의 기계를 마치 고깃덩어리같이 도려내고 잘라내고 있지만, 자신의 한계를 누구보다 잘 아는 의사다. 21세기 최첨단 기술로 무장한 의술이지만, 의사의 첫 임무는 바로 히포크라테스가 요구하던 "해를 주지 마라.(primum non nocere.)"라는 사실을 잘 알기에, 마시는 언제든지 무리한 수술보다는 "아무것도 하지 않기를" 권장한다.

온전하고 평범한 일상으로 돌아갈 확률이 거의 없다면 과연 수술로 목숨만 살려 놓는 것이 그 환자를 위한 길인지 의문이 점점 커진다. 인간의 존엄성이 사라진 삶을 살 바에는 평화롭게 죽는 게 더 나을 수 있다는 사실을 전보다 더 기꺼이 받아들이기 때문이기도 하다. 내가 이런 말을 거침없이 할 수 있는 것은 예측하는 실력이 늘어서가 아니라, 남들이 나를 어떻게 판단할지 신경을 덜 쓰게 되었기 때문이다. 물론 예후란 항상 불확실하기 때문에 무사히 회복할 확률이 얼마나 되는지 모르는 경우가 흔하다. 그러니 의사로서 일을 쉽게 하려면 그냥 모든 환자를 수술해 버리면 된다. 이를 통해 많은 환자들에게 끔찍한 뇌 손상이 생길 수 있고 그 환자들의 인생이 망가질 수 있다는 가능성에서 고개를 돌려 버리는 것이다.

─헨리 마시, 『참 괜찮은 죽음』에서

　지적인 호기심보다 환자에 대한 배려와 연민이 더 강한 의사. 자신의 죽음 역시 언젠가는 다른 누군가의 연민과 배려에 의존할 것이라는 것을 너무나도 잘 아는 마시의 글은 한 번 읽기 시작하면 손을 놓을 수 없다. 정말 오랜만에 밤을 새워 끝까지 읽었던 책이 바로 마시의 글이다.

헨리 마시의 책

『참 괜찮은 죽음』, 김미선 옮김, 더퀘스트, 2016년.

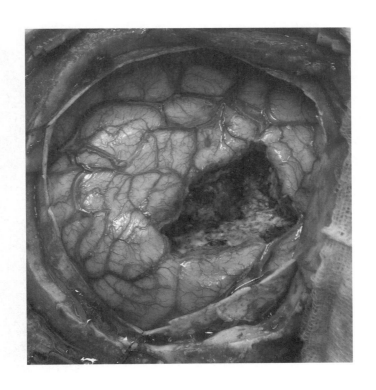

수술 받고 있는 뇌

"내가 'B여사가 죽어 가고 있습니다.'라고
하니까 그 양반이 뭐라는 줄 알아?
'B여사? 그게 누구지?' 이러는 거야. 이미
까먹은 거지. 나도 그런 기억력을 가졌으면
얼마나 좋을까." 애석한 듯 말을 이어 가다가
나를 보며 이렇게 덧붙였다. "위대한
외과의사는 기억력이 나쁜 경향이 있다네."
나는 내가 괜찮은 외과의사이길 바라지만
위대한 외과의사는 확실히 아닌 것 같다.
내가 기억하는, 또는 기억한다고 생각하고
싶은 것은 성공이 아니라 실패 사례다.

6부
더 큰 질문을
던져라

28

이해할 수
없기에

고 뭉 은 생 각 을

『율리시스』를 쓴 제임스 조이스는 가장 과격한
모더니즘의 징표를 모두 지니고 있었다. 즉
지적으로 다재다능하고, 문학적 인유를 풍부하게
사용하며, 외국어에 통달해 있고, 곡예에 가까운
아찔한 상상력을 가지고 있으며, 수세기 동안 소설을
지배해 왔던 규범들을 위반했다. 그는 이단 중의 이단아였다.

피터 게이,
『모더니즘』에서

읽기 어려운 책들

세상에는 참 읽기 어려운 책들이 많다. 수학자이자 철학자였던 버트런드 러셀과 앨프리드 화이트헤드의 『수학 원리(Principia Mathematica)』(1910~1913)는 기초 집합론을 시작으로 순수수학을 정의한 최고 난이도의 책이다. 특히 360여 쪽에 가서야 드디어 '1+1=2'라는 사실을 증명해 독자들을 난감하게 하기도 한다.

읽기 어렵기는 제임스 조이스의 『피네간의 경야(Finnegan's Wake)』도 마찬가지다. 20세기 영문권 최고의 걸작이자 가장 어려운 책 중 하나로 알려진 『율리시스』를 완성한 조이스는 새로운 책을 시작한다. 『율리시스』의 주제가 행동과 계획과 후회와 희망으로 가득한 인간의 긴 하루였다면, 『피네간의 경야』는 우리의 밤을 소개한다. 비이성과 비합리로 가득한 인간의 밤. 그만큼 책은 이해 불가능한 문장과 단어들로 가득하다.

　그런데 『수학 원리』와 『피네간의 경야』보다 더 읽기 어려운 책이 한 권 존재한다. 바로 이탈리아 디자이너 루이지 세라피니(Luigi Serafini)의 『코덱스 세라피니아누스(Codex Seraphinianus)』(1981)다. 에토레 소트사스, 알레산드로 멘디니, 안드레아 브란치 같은 디자인 거장들이 활동하던 밀라노 출신의 세라피니는 그 어느 디자이너보다 더 큰 꿈을 꾼다. 바로 자신만의 세상을 디자인하는 것이다.

　19세기 말 아르누보(Art Nouveau), 20세기 초 바우하우스(Bauhaus), 그리고 20세기 후반 멤피스(Memphis) 파 디자이너들 모두 세상에 존재하지 않는 새로운 것을 창조하려고 노력했다. 하지만 이들 모두 본질적인 한계를 하나 갖고 있었다. 세상은 이미 존재한다는 것이다. 이미 정해진 자연의 법칙과 문명은 창의성의 한계가 되기에, 진정으로 새로운 것은 불가능하다.

　세라피니의 해결책은 과감하다. '코덱스(Codex)'를 통해 그는 새로운 자연법칙, 물리학, 화학, 생물학과 새로운 생명의 기원, 도시, 인간, 동물, 식물, 사랑, 전쟁을 소개한다. 그리고 이 모든 것들은 자신이 만들고 자신만 읽을 수 있는 새로운 언어와 글을 통해 설명된다. 저자 외에는 그 아무도 읽을 수 없는 책. 하지만 읽을 수 없고 이해할 수 없기에 가장 많은 생각을 하게 하는 책. 존재하지 않는 것들의 백과사전. 바로 루이지 세라피니의 '코덱스'다.

읽기 어려운 책들

『수학 원리(Principia Mathematica)』(Rough Draft Printing, 2011, 국내
미출간)

『피네간의 경야(Finnegans Wake)』(Penguin Classics, 1999)

『코덱스 세라피니아누스(Codex Seraphinianus)』(Rizzoli; Pck Har/Bk
edition, 2013, 국내 미출간)

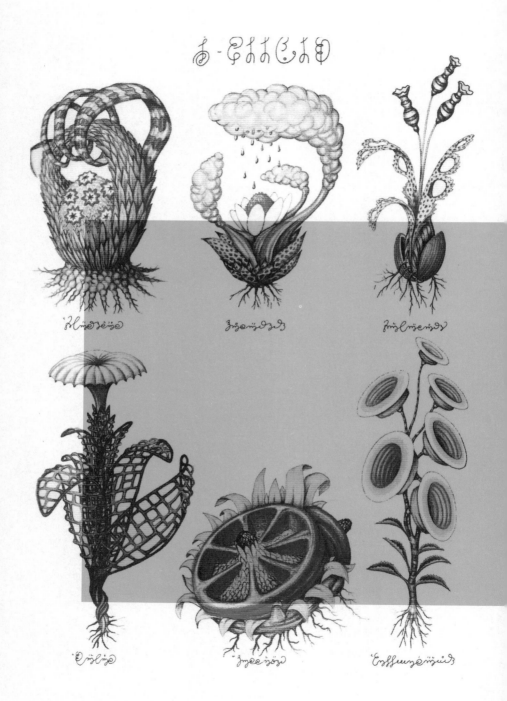

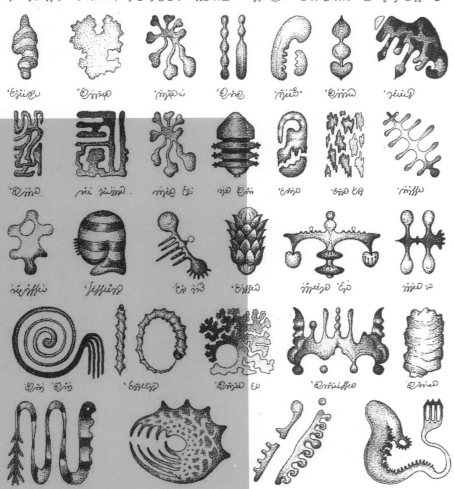

29

이루어질 수 없기에

마음 간절한

"아줌마는 섹시해요."
"그게 무슨 뜻이니?"
아이가 갑자기 부끄러워하며 고개 숙였다.
"말할 수 없어요."
입가에 손나발을 만들더니 조그맣게 말했다.
"그건 알지 못하는 사람을 사랑한다는 뜻이에요."

중파 라히리,
『축복받은 집』에서

아버지는 읽지 못하는 글을 읽는 아이

얼마 전 서울 대형 서점에서 경험했던 일이다. 신간 문
학 코너에서 이런저런 책들을 뒤적이고 있던 내 옆에서 흑
인 아이 한 명이 열심히 책을 읽고 있었다. 그것도 한글로
쓴 책을 말이다. 몇 발자국 옆에서도 똑같이 검은 피부의 아
버지는 (자랑스러운? 아니면 당혹스러운?) 눈빛으로 아이를
바라보고 있었다. 아버지는 읽을 수 없는 글을 읽는 아이.
아이는 읽고 쓰는 글을 읽지도 쓰지도 못하는 아버지. 이 먼
한국에 무슨 사연으로 온 걸까? 우리의 역사도 전통도 모르
는 아이는 그 책을 진정으로 이해할 수 있을까?

삼십 년 전. 독일 어느 서점에서 나는 열심히 독일 고전
들을 읽고 있었다. 괴테, 실러, 칸트, 쇼펜하우어. 내가 책에
빠져 현실을 잊고 있을 때, 나를 바라보던 누군가는 생각했
을 것이다. 이 먼 독일에는 무슨 이유로 온 걸까? 저 동양
아이는 독일인의 철학을 진정으로 이해나 할 수 있을까?

줌파 라히리(Jhumpa Lahiri)는 인도 서뱅골 출신 부모님

311

아래 런던에서 태어났다. 두 살 때 미국으로 이주해 보스턴 대학교에서 문학을 전공한다. 첫 작품 『축복받은 집』으로 퓰리처상을 받고 2002년에는 구겐하임재단의 장학금을 받는다. 뱅골 어를 들으며 자란 이민자의 딸이 그 누구보다 뛰어난 영어로 글을 쓰고 말하고 생각하는 영미권 최고의 작가가 된 것이다.

그러던 어느 날. 라히리는 영어를 포기한다. 2012년 가족과 함께 이탈리아로 이주한 그녀는 더 이상 영어를 읽지도 쓰지도 말하지도 않기로 결심한다. 처음 배워 가는 이탈리아어. 마치 초등학생같이 다시 글쓰기를 배우기 시작한다. 왜 그녀는 영어를 포기한 것일까?

더 이상 인도도, 방글라데시도 아닌 고향 뱅골. 부모의 고향 뱅골이 아닌 영국에서 태어났지만, 어린 시절을 보내고 세상을 알게 된 곳은 미국. 그런 그녀의 가슴속 고향은 과연 어디일까? 왜 이탈리아어냐고? 왜 이탈리아어면 안 되느냐고 되물어 볼 수 있겠다. 영어도 뱅골어도 그녀의 선택이 아니었다. 하지만 초등학교 수준의 이탈리아어만큼은 적어도 라히리 자신이 스스로 선택한 언어이기 때문이다.

이루어질 수 없는 행복

아홉 가지 짧은 이야기들을 모은 『축복받은 집』에는 그다지 큰 불행도 행복도 없다. 하지만 읽으면 읽을수록 슬퍼진다. 아니, 슬픔이 아니다. 단지 행복의 불가능을 느낄 뿐이다. 태어나 자란 곳. 얼마 전 방송되었던 「응답하라

1988」에서의 어린 시절 같은.

우리는 영원히 그런 시절과 고향을 그리워하지만, 우리의 고향과 어린 시절은 더 이상 존재하지 않는다. 아니, 어쩌면 한 번도 존재하지 않았는지도 모른다. 라히리의 책은 이루어질 수 없는 인간의 행복을 노래한다. 그것도 너무나 아름다운 목소리로 말이다.

줌파 라히리의 책

『저지대』, 서창렬 옮김, 마음산책, 2014년.

『축복받은 집』, 서창렬 옮김, 마음산책, 2013년.

『이 작은 책은 언제나 나보다 크다』, 이승수 옮김, 마음산책, 2015년.

『이름 뒤에 숨은 사랑』, 박상미 옮김, 마음산책, 2004년.

영어와 이탈리아어가 책상 위에서 서로 맞붙었지만
승자는 벌써 명백하다. 번역 글이 본래 텍스트를 잡아먹고
그 위에 올라서고 있다. 이 치열한 싸움이 축제의 테마,
내 글 자체의 주제를 예시한다는 사실에 놀랐다. 이탈리아어를
지키고 싶다. 그래서 갓난아기처럼 이탈리아어를 품에
안았다. 품에 안고 쓰다듬고 싶다. 아기처럼 이탈리아어도
잠자고 먹고 커야 한다. 이탈리아어에 비해 영어는 다 큰
청소년, 털이 부숭부숭하고 냄새 나는 청소년 같다. (……)
이제 이탈리아어와 내 관계를 다른 식으로 설명해야겠다고,
새로운 은유를 가져와야겠다고 생각했다. 지금까지 나와
이탈리아어의 관계는 늘 낭만적인 것이었다. 번개를
맞은 것처럼 사랑에 빠진 관계였다. 이제 나 자신을
번역하면서 나는 내가 두 아이의 엄마라는 생각이 들었다.

줌파 라히리,
『이 작은 책은 언제나 나보다 크다』에서

30

호모데우스의

미래를
준비하다

세상과 자신의 미래를 제어할 수 있는 전능한 호모데우스.
하지만 우리는 여전히 왜 살아야 하고,
무엇을 위해 존재해야 하는지 모른다.
우주 최고의 힘을 가졌지만 어디에써야 하는지 모르는 신.
왜 존재해야 하는지 모르는 신. 그보다 더
위험한 존재도 없을 것이다.

존재하지 않는 것을 믿는 창의성

불과 수백만 년 전 우리의 조상들은 맹수들의 사냥감이었다. 날카로운 이빨도 두꺼운 가죽도 날개도 없는 우리. 간혹 발견된 고대 원시인들의 해골에선 두개골을 뚫은 구멍 두 개를 발견할 수 있다. 구멍의 간격은 맹수의 송곳니들 간격과 정확히 일치한다. 먼 과거 우리의 조상은 맹수들의 '브런치'였던 것이다.

하지만 우리를 사냥하던 맹수들의 후손은 동물원 구경감이 되었고, 그들의 사냥감이던 우리는 도시와 문명과 무기를 개발했다. 털이 짧은 원숭이에 불과하던 인간이 어떻게 지구의 주인이 될 수 있었던 것인가?

이스라엘 예루살렘히브리대학교 역사학과 유발 하라리 교수는 글로벌 베스트셀러 『사피엔스』에서 존재하지 않는 것을 믿을 수 있는 우리 인간만의 창의성(정신병?)이 그 이유라고 주장한다.

지금 이 순간 눈에 보이거나 과거에 직접 경험한 것을

바탕으로 판단하는 동물들과는 달리 인간은 경험하지 않은, 아니 경험할 수도 없는 세상을 상상할 수 있다. 언어와 종교와 도시와 기술. 모두 존재하지 않는 것을 상상할 수 있는 인간만의 결과물들이다.

데이터교, 미래의 종교

우리나라에서도 큰 인기를 얻은 걸작 『사피엔스』. 유발 하라리는 이미 인간의 그다음 이야기를 준비하고 있었다. 히브리어로 2015년에 출간된 『호모데우스(Homo Deus)』가 그 후속작이다. 영국에서는 2016년 9월에, 미국과 독일에서는 2017년 2월에 출간되었다.

다행히 영문 버전이 전자책으로 먼저 나와 최근 『호모데우스』를 읽어 볼 기회가 있었다. '역시 하라리구나!'라는 감탄이 절로 나오는 책이었다.

『사피엔스』가 인류의 과거를 설명했다면, 『호모데우스』는 우리의 미래를 소개한다. 유전공학, 인공지능, 가상현실, 이렇게 기하급수적으로 발전하는 기술은 드디어 인류가 세상을 지배하게 해 준 도구에서 벗어나, 인간의 정체성 그 자체를 바꾸어 놓고 있다.

기계와 융합된 인간. 영원히 살 수 있는 인간. 정신과 자아를 복사할 수 있는 인간. 인공지능이라는 새로운 존재를 탄생시키고 있는 인간. 맹수에게 쫓기던 나약한 동물에 불과하던 우리는 그야말로 전능한 신으로 진화하고 있는 것이다.

그렇다면 우리는 더 이상 '현명한 인간' 호모사피엔스가 아닌 호모데우스, 즉 '신 같은 인간'이 되어 버렸는지도 모른다. 신이 되어 버린 인간. 새로운 신은 새로운 종교를 탄생시킨다. 그렇다면 호모데우스의 종교는 무엇일까? 하라리는 무한의 데이터가 무한의 믿음을 가져다줄 '데이터교(Dataism)'라고 주장한다.

세상과 자신의 미래를 제어할 수 있는 전능한 호모데우스. 하지만 우리는 여전히 왜 살아야 하고, 무엇을 위해 존재해야 하는지 모른다. 우주 최고의 힘을 가졌지만 어디에 써야 하는지 모르는 신. 왜 존재해야 하는지 모르는 신. 그보다 더 위험한 존재도 없을 것이다.

유발 하라리의 책
『사피엔스-유인원에서 사이보그까지, 인간 역사의 대담하고 위대한 질문』, 조현욱 옮김, 이태수 감수, 김영사, 2015년.
『호모데우스』, 김영사, 2017년 출간 예정.

털이 짧은 원숭이에 불과하던 인간이
어떻게 지구의 주인이 될 수 있었던 것인가?
유발 하라리 교수는 존재하지 않는 것을
믿을 수 있는 우리 인간만의 창의성이
그 이유라고 주장한다.

31

오랫동안
믿어 온

진실을 의심하다

그리고 갈릴레오 갈릴레이는 대담한 주장을 제시한다.
즉 자연의 법칙은 '수학'이라는 언어로 적혀 있다고.
인간은 불완전하지만 수학은 완전하기에,
우리는 수학을 통해 우주와 운명의 비밀을 알아낼 수 있다고.

미래 예측을 향한 인간의 갈망

서쪽으로 떨어진 태양은 어디로 사라지는 걸까? 밤하늘의 수많은 별들은 왜 땅으로 떨어지지 않는 걸까? 우리는 어디서 왔을까? 얼마 전까지만 해도 함께 웃고 사냥하고 음식을 나누어 먹던 부모님. 그들은 왜 더 이상 숨을 쉬지 않는 걸까? 죽음이란 무엇일까?

동의도 설명도 없이 '세상'이라는 이 신기한 장소에 태어나 버린 우리. 모든 것이 새롭고, 새로운 것들은 언제나 위험했다. 예측 불가능한 세상에서의 참을 수 없는 두려움. 인간은 무질서의 세상에서는 존재할 수 없었다.

우연히 던진 돌이 열매를 떨어트렸고, 남보다 더 커다란 내장을 가진 염소를 손질한 다음 날 오랫동안 기다리던 비가 내렸다. 아, 그런 거였구나! 동물의 내장을 잘 살펴보면 미래를 예측할 수 있겠구나.

글과 문자를 최초로 발명했다는 고대 메소포타미아 인들. 아시리아의 마지막 왕이자 책벌레로 유명한 아슈르바

니팔 왕은 수도 니네베에 인류 최초의 도서관을 세우기도 했다. 아슈르바니팔의 도서관에 보관되었던 대부분의 '책'들은 미래 예측서들이다.

밤하늘의 별, 조개껍질의 무늬, 염소의 내장…… 모든 것이 운명과 미래의 예언이었다. 무질서한 세상을 예측하게 해 주는 자연의 신호. 권력은 자연을 읽을 수 있는 자의 것이기에, 고대 문명의 모든 지배자들은 왕이자 무당이자 예언자였다.

미래를 예측하려는 인간의 욕망은 의식과 전통, 그리고 종교와 과학을 탄생시켰다. '신'이라는 증명할 수 없는 존재를 가설하는 종교와 달리 과학은 자연의 법칙을 추구한다. 객관적 관찰과 반복된 실험을 통해 자연의 법칙을 알아낼 수 있다.

그리고 갈릴레오 갈릴레이는 대담한 주장을 제시한다. 즉 자연의 법칙은 '수학'이라는 언어로 적혀 있다고. 인간은 불완전하지만 수학은 완전하기에, 우리는 수학을 통해 우주와 운명의 비밀을 알아낼 수 있다고.

수학의 완벽함에 대한 갈망

하지만 수학은 정말 완벽할까? 수학적 증명이란 과연 무슨 의미일까? 19세기 수학자들은 존재적 고민에 빠진다. 막연하게 수천 년 동안 믿어 왔던 수학적 '진실'은 진정한 참일까? 참과 거짓의 차이는 무엇일까? 독일 수학계의 대가였던 다비트 힐베르트(David Hilbert)는 1900년 세계 수학자 대회에서 수학의 기본인 산술의 공리들이 무모순임을 증명해야 한다고 제시한다.

그리고 케임브리지대학교 수학자 앨프리드 화이트헤드 (Alfred North Whitehead)와 버트런드 러셀(Bertrand Russell) 은 힐베르트의 도전을 받아들인다. 1910년에서 1927년까지 십칠 년 동안 그들은 단순한 몇 가지 공리들을 시작으로 논리와 집합 이론만을 통해 수학의 모든 진리를 증명하려 한다. 화이트헤드와 러셀의 대작 『수학 원리』는 360여 쪽에 가서야 '1+1=2'라는 사실을 증명했을 정도였으니 말이다.

어렵고 머리 아플 것 같기만 한 20세기 초 수학자들의 고민. 수학의 완벽함을 추구하던 그들의 도전이 결국 실패할 수밖에 없었던 이유를 보자. 소설가 아포스톨로스 독시아디스와 컴퓨터공학자 크리스토스 H. 파파디미트리우의 『로지코믹스(Logicomix)』는 논리(로직)와 만화(코믹스)를 통해 이 어렵고도 중요한 역사를 유쾌하게 소개한다.

앨프리드 화이트헤드의 책
『수학이란 무엇인가』, 오채환 옮김, 궁리, 2009년.
『과정과 실재』, 오영환 옮김, 민음사, 2003년.

버트런드 러셀의 책
『행복의 정복』, 이순희 옮김, 사회평론, 2005년.
『서양 철학사』, 서상복 옮김, 을유, 2009년.

Bertrand Russell

　1910년에서 1927년까지 십칠 년 동안
그들은 단순한 몇 가지 공리들을 시작으로
논리와 집합 이론만을 통해 수학의
모든 진리를 증명하려 한다. 화이트헤드와 러
셀의 대작 『수학 원리』는 360여 쪽에 가서야
'1+1=2'라는 사실을 증명했을 정도였으니
말이다.

32

코앞의
사소한 문제에

연연하지 마라

인류 사회는 이미 자신의 능력으로
자신의 문제를 해결할 수 없다.
또한 자신의 힘으로 자신의 광기를
억제할 수 없다. 그렇기 때문에 주께서
세상에 강림하도록 청해야 한다.
주의 힘을 빌려 인류 사회를 강제적으로
감독하고 개조해서 전혀 새로운,
찬란하고 완벽한 인류 문명을 창조해야 한다.

류츠신,
『삼체』에서

문화대혁명이 심은 비관

1967년 중화인민공화국. 모든 지적인 행동은 자본주의 사상이며 모든 지식인은 반혁명주의자라던 문화대혁명. 주인공의 아버지는 여전히 과학과 기술만이 중국의 미래라고 믿는 물리학자였다. 하지만 나약한 한 사람의 이성이 어떻게 사회의 야만과 광기에 맞설 수 있을까? 자본주의자를 학대하는 것이야말로 진정한 프롤레타리아 정신이라고 믿는 여학생들의 채찍질 아래서 아버지는 숨진다. 그것도 남편을 배신한 어머니의 욕설을 들으며 말이다.

아들이 아버지를 죽이고 제자가 선생님을 배신하던 광기의 시대. 어린 주인공은 너무 많은 것을 봤기에 너무 많은 것을 느낀다. 인류는 어차피 희망이 없다고. 서로가 서로를 죽이고 배신하는 것이 인간의 본모습이라고.

육체적 노동만이 자본주의에 물든 반혁명적인 사상을 씻어낼 수 있다고 믿었던 문화대혁명. 주인공 역시 수많은 젊은이들과 함께 깊은 산속으로 추방된다. 하지만 불행이었을까, 아니면 행운이었을까? 아버지를 닮아 역시 천재적 물리학자였던 주인공은 극비밀리에 군사 프로젝트에 참여하게 된다. 그것은 바로 외계인들과의 소통이었다. 자본주의 미국과 수정주의 소련 모두 외계인들과 연락을 시도하니, 중화인민공화국 역시 뒤져서는 안 된다는 주장에 의해서다.

거대한 천체 안테나를 통해 우주의 소리를 듣고 있던 주인공 예원제. 일주일, 일 년, 십 년. 그리고 어느 날 드디어 답이 왔다. 인류 역사상 지구인과 외계인의 첫 연락이었다. 하지만 외계인의 메시지는 뜻밖이었다. 더 이상 연락하지 말라고! 우주는 정글이라고. 숨는 것만이 살아남을 수 있는 길이라고. 세 개의 태양 때문에 예측 불가능한 혹성에 살고 있는 자신들은 지구같이 안전한 혹성을 찾고 있었다고. 지구의 존재가 알려지는 순간 자신들은 지구를 정복하고 인류를 멸망시킬 것이라고. 그러니 다시는 절대 우주로 신호를 보내지 말라고.

하지만 주인공은 서슴지 않고 새로운 메시지를 보내며 지구의 역사와 기술과 정치를 설명해 준다. 인간을 포기한 주인공은 인류와 지구의 미래를 배신한 것이다.

"이곳에 오십시오. 나는 당신들이 이 세계를 얻는 것을 돕겠습니다. 우리 문명은 이미 자신의 능력을 해결할 힘을 잃었습니다. 당신들의 힘이 필요합니다."

— 류츠신, 『삼체』에서

400년 후를 고민하는 방대한 스케일

지구의 존재를 알게 된 외계인. 상상을 초월하는 과학기술로 무장한 그들의 우주선 1000척이 지구를 향하고 있다. 광속 10분의 1로 이동하는 외계인 함대는 400년 후면 지구에 도착하게 되고, 그들의 도착은 인류의 멸망이 될 것이다. 그렇다면 인류는 앞으로 400년 동안 무엇을 준비해야 하는가? 우리는 앞으로 어떻게 살아야 하는가?

중국 최고의 SF 작가 류츠신의 『삼체』 내용이다. 3부작으로 구성된 『삼체』는 큰 호평을 받았고, 2015년 'SF노벨상'이라 불리는 휴고 상(Hugo Award)도 받았다. 정말 대단한 책이다. 페이스북의 CEO인 마크 저커버그도 자신의 블로그에 『삼체』를 2015년 최고의 책 중 하나로 꼽기도 했으니 말이다. 중국 SF라는 것 자체가 존재한다는 사실을 몰랐던 나 역시 빠져든 책.

역사, 천문학, 물리학, 뇌과학, 정치학, 사회학, 철학. 이 모든 문제를 다루는 류츠신의 방대한 지식에 놀라며 한편으로는 서글퍼지기까지 했다. 400년 후의 미래를 걱정하는 방대한 스케일의 인류를 그리는 중국 작가 앞에서, 나는 언제나 바로 코앞에 보이는 문제만 걱정하며 사는 대한민국이 부끄러워지기까지 했다.

337

류츠신의 책

『삼체』, 이현아 옮김, 고호관 감수, 단숨, 2013년.
『삼체: 2부 암흑의 숲』, 허유영 옮김, 단숨, 2016년.

문화대혁명의 한 장면

류츠신,
「삼체」에서

"중국에서는 아무리 자유로운
사상이라도 결국에는 모두 '탁' 하고
땅에 떨어져 버리지. 현실의 인력이
너무 무거워."

"예원제는 몰랐지만,
바로 그때 지구 문명이 우주로
발사한 첫 번째 목소리가
들을 수 있는 지저귐이 되어
태양을 중심으로 광속으로
우주 전체에 퍼지고 있었다."

류츠신,
『삼체』에서

어떻게 질문할 것인가

나만의 질문을 찾는 책 읽기의 혁명

1판 1쇄 펴냄 2017년 3월 5일
1판 6쇄 펴냄 2019년 11월 21일

지은이 김대식
발행인 박근섭 · 박상준
편집인 양희정
펴낸곳 (주)민음사

출판등록 1966. 5. 19. 제16-490호
주소 서울특별시 강남구 도산대로1길 62(신사동)
강남출판문화센터 5층 (우편번호 06027)
대표전화 02-515-2000 | 팩시밀리 02-515-2007
홈페이지 www.minumsa.com

ISBN 978-89-374-3406-8 (03100)